जॉर्जिया मेलोनी

(महिला नेतृत्व का उदय)

जॉर्जिया मेलोनी

दिवांशी गोस्वामी

"प्रतिभाशाली इंसान सीमाओं से परे सम्पूर्ण विश्व
के लिए प्रेरणा का स्रोत बन जाते हैं।"

अनुक्रमणिका

प्रथम संस्करण | प्रकाशित: Notion Press द्वारा
ISBN: 9798268517675
भारत में मुद्रित

यह एक गैर-काल्पनिक (non-fiction) कृति है। इसमें प्रस्तुत सभी तथ्य, विचार और अभिव्यक्तियाँ पूर्णतः लेखक के निजी हैं।

प्रतिक्रिया या संपर्क के लिए:
Email: divanshigoswami.author@gmail.com
Instagram: @divanshigoswami_01

[QR कोड इमेज]
स्कैन करें और जुड़ें।

लेखिका का परिचय

मेरा नाम दिवांशी गोस्वामी है, मैं राजस्थान के जोधपुर जिले की ओसियां तहसील से हूं। मेरे लिए लेखन अपने भीतर उठते विचारों की ज्वालामुखी को शांत करने का एक सफल माध्यम है। यह मेरी पहली पुस्तक है, जिसकी प्रेरणा मुझे इटली की पहली महिला प्रधानमंत्री जॉर्जिया मेलोनी से मिली। उनके संघर्ष से सफलता तक के सफर ने मुझे गहराई से प्रभावित किया, खासकर जब मैंने उनके बारे में G-20 शिखर सम्मेलन के दौरान जाना।

UPSC की तैयारी ने मेरे दृष्टिकोण और लेखन शैली को निखारने में अहम भूमिका निभाई। मैं विशेष रूप से अपने मार्गदर्शक **'सुनील अभिव्यक्ति सर'** और उनकी **'IQIP'** कक्षाओं का आभार प्रकट करती हूं। इस यात्रा के दौरान मैंने अंतरराष्ट्रीय संबंधों की गहरी समझ विकसित की और यह महसूस किया कि सीमाओं के पार सार्थक विचारों का आदान-प्रदान कितना जरूरी है।

मेरी भारत सरकार से प्रार्थना और सुझाव है कि यूपीएससी के सिलेबस के दृष्टिकोण को स्कूल और कॉलेज के पाठ्यक्रम में भी शामिल किया जाए, ताकि बच्चे पाठ्यक्रम को रटने की बजाय समझने का आनंद उठा सकें।

इस किताब का मूल उद्देश्य महिलाओं को प्रेरित करना और नेतृत्व व संकल्प की शक्ति को रेखांकित करना है। साथ ही यह भारत और इटली के बीच विशेष रूप से अंतरराष्ट्रीय सहयोग के महत्व को भी उजागर करती है।

यह पुस्तक केवल एक सम्मान नहीं है, बल्कि मजबूत महिला नेतृत्व को पहचानने और उसका उत्सव मनाने का एक आह्वान है।

"प्रतिभाशाली व्यक्ति सीमाओं से परे पूरी दुनिया के लिए प्रेरणा का स्रोत बन जाता है।".......... इसीलिए भारत की एक लड़की इटली की प्रधानमंत्री पर एक किताब लिख रही है।

नोटः- आपके सुझावों का स्वागत है तथा किसी भी प्रकार की त्रुटि के लिए मैं क्षमाप्रार्थी हूँ।

जीवनी

जॉर्जिया मेलोनी का जीवन दृढ़ संकल्प, धैर्य और नेतृत्व का प्रेरणादायक उदाहरण है। साधारण परिवेश से उठकर वे इटली की सबसे प्रभावशाली और प्रमुख राजनीतिक नेताओं में गिनी जाती हैं। उनका सफर अटूट समर्पण और पुरुष-प्रधान राजनीति की दुनिया में बाधाओं को तोड़ने के साहस को दर्शाता है। अपनी मेहनत और दूरदृष्टि के बल पर वे आज पूरी दुनिया में महिलाओं के सशक्तिकरण की प्रतीक बन चुकी हैं।

15 जनवरी 1977 को रोम, इटली में जन्मीं तथा उनका का बचपन गारबेटेला नामक एक श्रमिक वर्ग के इलाके में बीता। एक साधारण मध्यवर्गीय परिवार में पली-बढ़ी उनको बचपन से ही मजबूत जीवन मूल्य और गहरी सोच की प्रेरणा मिली।

उन्होंने प्रारंभिक शिक्षा रोम में प्राप्त की। लेकिन, **"उनके पास किताबी ज्ञान से अधिक व्यवहारिक ज्ञान है।"** वे न केवल अपनी मातृभाषा इतालवी में, बल्कि फ्रेंच, स्पेनिश और अंग्रेज़ी में भी निपुण हैं।

उनका जन्म एक ऐसे परिवार में हुआ जो भावनात्मक और आर्थिक संघर्षों का सामना कर रहा था। उनके पिता फ्रांसेस्को मेलोनी, जो एक अकाउंटेंट थे, उनके जन्म के बाद ही परिवार को छोड़ गए। उनकी माँ अन्ना पार्सिलिया (एक उपन्यासकार) ने उन्हें अकेले ही पाला। बचपन की यह कठिनाई उनके जीवन पर गहरा असर छोड़ गई और इसी दौर में उनमें आत्मनिर्भरता और दृढ़ संकल्प की भावना ने जड़ें जमानी शुरू कीं। किशोरावस्था में उन्होंने जिन संघर्षों का सामना किया, उन्होंने उनके चरित्र निर्माण में महत्वपूर्ण भूमिका निभाई।

इन परिस्थितियों ने उन्हें राजनीति में कदम रखने के लिए प्रेरित किया। आम लोगों की आवाज़ उठाने की चाह ने उन्हें इस दिशा में आगे बढ़ाया। आज वे इटली की एक प्रमुख राजनेता हैं, जिन्होंने अपने देश में एक नए युग की शुरुआत की है। वे एक सशक्त और निश्चयी नेता हैं।

उन्होंने मात्र 15 वर्ष की उम्र में 1992 में राजनीति की शुरुआत की। तथा "Fronte della Gioventù" नामक संगठन से जुड़कर युवा राष्ट्रवादियों की विचारधारा का प्रतिनिधित्व किया। अपनी प्रभावशाली संगठनात्मक क्षमताओं और नेतृत्व गुणों के चलते वे जल्दी ही इस संगठन में एक प्रमुख स्थान प्राप्त करने लगीं। अपने निर्भीक विचारों और स्पष्टवादिता के कारण उन्होंने पार्टी के युवा विभाग का नेतृत्व भी किया।

उनकी वास्तविक राजनीतिक यात्रा 2006 में शुरू हुई, जब वह इटालियन संसद की **'सबसे युवा सदस्य'** बनीं।

उनकी ऊर्जावान उपस्थिति, स्पष्ट विचार और प्रभावशाली शैली ने जल्द ही सबका ध्यान केंद्रित कर दिया। उनकी विचारधारा मुख्यतः राष्ट्रवादी और पारंपरिक सिद्धांतों पर आधारित थी, जिसमें इटली की संप्रभुता, पारिवारिक मूल्यों और राष्ट्रीय हितों को प्राथमिकता दी गई।

2008 में, उन्हें सिल्वियो बर्लुस्कोनी की सरकार में युवा मामलों की मंत्री नियुक्त किया गया। मात्र 31 वर्ष की उम्र में मंत्री बनकर वे इटली के इतिहास की **'सबसे कम उम्र की मंत्री'** बन गईं। अपने कार्यकाल के दौरान, उन्होंने युवाओं को सशक्त बनाने और उनकी राजनीतिक भागीदारी को बढ़ावा देने के लिए कई महत्वपूर्ण पहल कीं। वे राजनीति में युवाओं की भूमिका और महिलाओं की भागीदारी की हमेशा समर्थक रही हैं। उन्होंने युवाओं को राजनीति में भाग लेने और अपने अधिकारों के लिए आवाज़ उठाने के लिए प्रेरित किया।

उनकी सबसे महत्वपूर्ण उपलब्धियों में से एक थी **'फ्रातेली दी इटालिया'** (इटली के भाई) नामक पार्टी की स्थापना, जिसे उन्होंने 2012 में स्थापित किया। यह पार्टी राष्ट्रवादी, पारंपरिक और दक्षिणपंथी विचारधारा पर आधारित थी। उनके नेतृत्व में, पार्टी ने इटली की राजनीतिक दुनिया में तेजी से अपनी पहचान बनाई और दक्षिणपंथी राजनीति का एक प्रमुख चेहरा बन गई। उनका सबसे बड़ा राजनीतिक मील का पत्थर 2022 में आया, जब उनकी पार्टी 'फ्रातेली दी इटालिया' ने इटली के आम चुनाव में भारी बहुमत से जीत हासिल की और वह इटली की पहली महिला प्रधानमंत्री बनी।

यह एक ऐतिहासिक क्षण था, क्योंकि इटली के राजनीतिक इतिहास में पहली बार किसी महिला ने प्रधानमंत्री का पद संभाला। उनकी जीत ने एक नया राजनीतिक अध्याय शुरू किया, जहाँ उनकी राष्ट्रवादी और पारंपरिक विचारधारा ने इटली की राजनीति को एक नई दिशा दी।

उनकी जीत का मुख्य कारण था उनकी स्पष्ट और स्थिर नीतियाँ, इटली की आर्थिक और सामाजिक समस्याओं को सुलझाने के प्रति उनकी प्रतिबद्धता और उनकी लोकप्रियता। उन्होंने इटली के नागरिकों के बीच एक ऐसी छवि बनाई जो उनके नेतृत्व कौशल और समाज के प्रति समर्पण को दर्शाती है। अपने राजनीतिक जीवन में उन्होंने कई उतार-चढ़ाव देखे लेकिन कभी हार नहीं मानी।

उन्होंने हमेशा यह प्रयास किया है कि उनका देश बाहरी शक्तियों और प्रभावों से मुक्त रहे। वे कई मुद्दों पर यूरोपीय संघ की आलोचना करती रही हैं, विशेषकर अप्रवासन नीति और आर्थिक स्वतंत्रता से जुड़े सवालों पर उनके विचार स्पष्ट हैं।

उनका मानना है कि इटली का भविष्य तब ही सुरक्षित रह सकता है जब देश अपनी आंतरिक ताकत और संसाधनों पर निर्भर रहे। वे हमेशा से इटली की पारंपरिक सांस्कृतिक और पारिवारिक मूल्यों का समर्थन करती रही हैं और इन मूल्यों को राजनीतिक स्तर पर सुरक्षित रखने के लिए महत्वपूर्ण कदम उठाए हैं।

उन्होंने हमेशा अपनी प्राथमिकताओं को स्पष्ट रखा है और उनके समर्थकों ने उनके इन रुखों को स्वीकार किया है। एक मजबूत और दृढ़ नेता के रूप में, उन्होंने हमेशा अपने आलोचकों को यह संदेश दिया है कि वह सिर्फ अपने देश की जनता और उनके हितों के प्रति जवाबदेह हैं। उनके नेतृत्व में अपने देश की संप्रभुता और स्वतंत्रता सर्वोपरि है।

महिलाओं के सशक्तिकरण के प्रति उनका दृष्टिकोण भी उनकी राजनीति का एक महत्वपूर्ण हिस्सा है। खुद एक महिला होने के बावजूद, वह इटली की सबसे ऊँची राजनीतिक स्थिति तक पहुँचीं और उन्होंने दूसरी महिलाओं को भी राजनीति और सामाजिक जीवन में अपनी जगह बनाने के लिए प्रेरित किया।

उनके नेतृत्व ने इटली में महिलाओं के लिए नए अवसर खोले हैं, और उन्होंने यह साबित किया है कि महिलाएं भी राजनीति की ऊँचाइयों तक पहुँच सकती हैं। उनका व्यक्तिगत और राजनीतिक जीवन महिलाओं के लिए प्रेरणा है। उन्होंने अपने जीवन की चुनौतियों का डटकर सामना किया और यह साबित किया कि एक महिला भी एक मजबूत और सफल नेता बन सकती है। उनका नेतृत्व केवल इटली ही नहीं, बल्कि पूरे विश्व में महिलाओं के नेतृत्व के लिए प्रेरणादायक है।

"उनकी जीवन कहानी हमें यह सिखाती है कि साहस, नेतृत्व कौशल और दृढ़ संकल्प के साथ कोई भी व्यक्ति अपने लक्ष्य को हासिल कर सकता है, चाहे परिस्थितियाँ कितनी भी कठिन क्यों न हों। उनकी यात्रा हमें यह संदेश देती है कि अगर हमारे इरादे मजबूत हों, तो कोई भी रुकावट हमें रोक नहीं सकती।"

सफलता की कहानी

जॉर्जिया मेलोनी का जीवन संघर्ष, संकल्प और विजय की एक प्रेरणादायक यात्रा है। उन्होंने अपनी कठिनाइयों को ताकत में बदला और अपने देश की पहली महिला प्रधानमंत्री बनने का गौरव हासिल किया जो कि एक ऐतिहासिक उपलब्धि है।

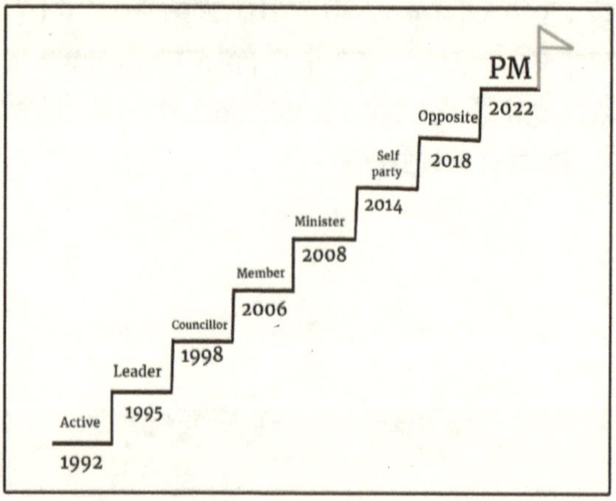

उनकी नेतृत्व की यात्रा 1992 में शुरू हुई और उन्होंने धीरे-धीरे अलग-अलग भूमिकाओं में प्रगति की एक सक्रिय सदस्य से लेकर पार्षद, नेता, मंत्री, मजबूत विपक्ष और अंततः 2022 में प्रधानमंत्री बनीं। उनके हर कदम ने उनके अडिग आत्मविश्वास और अपने सिद्धांतों के प्रति समर्पण को दर्शाया। साधारण परिवार में जन्मी मेलोनी की यह यात्रा सिर्फ राजनीतिक सफलता की कहानी नहीं है, बल्कि यह उनके आत्मबल, धैर्य और अटल आत्मविश्वास की मिसाल भी है।

उनकी यात्रा एक गहरे विश्वास, मजबूत राष्ट्रवादी सोच और निरंतर मेहनत से प्रेरित है। वे साहस, उद्देश्य की स्पष्टता और आत्मविश्वास की प्रतीक हैं जो यह साबित करती हैं कि अगर मन में दृढ़ निश्चय हो, तो सबसे बड़ी चुनौतियों को भी सफलता की सीढ़ी बनाया जा सकता है।

इस कहानी में हम उनके जीवन के विभिन्न पहलुओं को जानेंगे — उनके संघर्ष, चुनौतियाँ, और अंततः उनकी ऐतिहासिक सफलता को। उनका सफर और भी प्रेरणादायक बन जाता है क्योंकि वह एक साधारण पृष्ठभूमि से आती हैं। आज उन्हें **'डार्लिंग ऑफ यूरोप'** कहा जाता है, क्योंकि उन्होंने असाधारण सफलता हासिल की है।

हमने अब तक उनके कुछ उपलब्धियों पर संक्षेप में चर्चा की है, लेकिन अब समय है गहराई से जानने का — कि आखिर वे अपने देश की पहली महिला प्रधानमंत्री कैसे बनीं?

उनके प्रारंभिक जीवन के अनुभवों ने उनके व्यक्तित्व को आकार देने में अहम भूमिका निभाई। उनके पिता का साथ छोड़ देना और परिवार की आर्थिक तंगी ने उन्हें कम उम्र में ही आत्मनिर्भर बनना सिखा दिया। उन्होंने जल्दी ही यह समझ लिया कि जीवन में कुछ भी आसानी से नहीं मिलता, और सिर्फ कड़ी मेहनत और दृढ़ संकल्प से ही सपनों को हासिल किया जा सकता है।

असल में, उनका संघर्ष तो उनके बचपन से ही शुरू हो गया था — क्योंकि उनका जन्म भी सामान्य परिस्थितियों में नहीं हुआ। अपनी आत्मकथा **(I'm Giorgia: My Roots, My Thoughts)** में उन्होंने लिखा है कि उनकी माँ ने पहले गर्भपात कराने का फैसला कर लिया था। लेकिन आखिरी वक्त पर यह निर्णय बदल गया। ऐसी स्थिति में, उनका जन्म अपने आप में ही एक असामान्य घटना थी।

उनका जन्म आखिरी समय में तय हुआ था। लेकिन जन्म के बाद भी, उसकी जिंदगी में कुछ भी सामान्य नहीं था। जब वह सिर्फ एक साल की थी, तो उनके पिता परिवार को छोड़कर चले गए, जिसके कारण घर की सारी जिम्मेदारी उनकी माँ पर आ गई। उनकी माँ ने उन्हें और उनकी बहन को अकेले पाला। उन्हें बचपन से ही पिता का प्यार नहीं मिला, और पिता की गैरमौजूदगी और माँ के अकेले घर संभालने के कारण, उन्हें बहुत कम उम्र में घर की जिम्मेदारियाँ उठानी पड़ीं। इसी वजह से उनका बचपन भी सामान्य नहीं था। उनकी उम्र के बच्चों के जितनी मोज मस्ती का मौका उन्हें नहीं मिला। शायद इसी वजह से, वह कम उम्र में ही मानसिक रूप से ज्यादा परिपक्व हो गई।

अब उनके राजनीतिक करियर की बात करते हैं। लगभग तीन दशकों के लंबे राजनीतिक सफर के बाद, वह आखिरकार इटली की प्रधानमंत्री बनकर नेतृत्व के शिखर पर पहुंच गई हैं। कम समय में, उन्होंने बहुत लोकप्रियता हासिल की है। लेकिन यह सफलता किसी चमत्कार का नतीजा नहीं है—यह सालों के दृढ़ संकल्प, अथक प्रयास और अटूट धैर्य का परिणाम है। बहुत कम उम्र से, उन्होंने अथक परिश्रम किया, और आज वह देश के सर्वोच्च पद पर रहते हुए उसका नेतृत्व कर रही हैं।

उन्होंने 1990 के दशक में राजनीति में प्रवेश किया। उनका राजनीतिक सफर बहुत कम उम्र में शुरू हुआ और आज भी जारी है। उन्होंने 1992 में सिर्फ 15 साल की उम्र में इटालियन सोशल मूवमेंट ज्वाइन किया, इतनी कम उम्र में सामाजिक आंदोलन में शामिल होना। इस बात का प्रमाण है कि वह शुरुआत से ही सामाजिक रूप से सक्रिय रही हैं, और इसीलिए वह आज एक सफल राजनेता हैं। समाज के प्रति उनकी जागरूकता, सक्रियता और परिपक्वता बहुत कम उम्र से ही स्पष्ट थी। और एक अच्छे राजनेता होने का पैमाना वही है जो सामाजिक रूप से सक्रिय, परिपक्व और जागरूक हो।

1995 में, वह इटैलियन सोशल मूवमेंट की कानूनी उत्तराधिकारी बनीं। यह उनके जीवन की पहली बड़ी सफलता थी क्योंकि उन्होंने सिर्फ 18 साल की उम्र में खुद को एक सक्रिय पद पर स्थापित करने में सफलता हासिल की। 1998 से 2002 तक, उन्होंने रोम प्रांत की पार्षद के रूप में कार्य किया। 2006 में, सिर्फ 29 साल की उम्र में, मेलोनी इतालवी संसद की सबसे कम उम्र की सदस्य चुनी गईं। यह उनके राजनीतिक करियर में एक महत्वपूर्ण मोड़ था और इसने उन्हें राष्ट्रीय पहचान दिलाई।

2008 में, उन्हें युवा मामलों की मंत्री नियुक्त किया गया, जिससे वह **"इटली की सबसे युवा मंत्री"** बनीं। इस भूमिका में, उन्होंने युवाओं से जुड़े कई मुद्दों पर काम किया और उन्हें राजनीतिक, सामाजिक और आर्थिक रूप से सशक्त बनाने का लक्ष्य रखा। इसके साथ ही, उन्होंने इटली की "सबसे युवा मंत्री बनकर अपने जीवन का पहला बड़ा रिकॉर्ड बनाया।" यह सब इसलिए संभव हो सका क्योंकि उन्होंने न केवल अपने विचारों को मजबूती से रखा बल्कि खुद को एक प्रभावी और विनम्र नेता के रूप में भी स्थापित किया।

2012 में, उन्होंने अपनी पार्टी, फ्रेटेली डी इटालिया (इटली के भाई) की स्थापना की। पार्टी इटली में दक्षिणपंथी और राष्ट्रवादी विचारधारा का प्रतिनिधित्व करती है। इसका उद्देश्य इटली के राष्ट्रीय गौरव, स्वतंत्रता और परंपराओं को संरक्षित करना और देश की संप्रभुता की रक्षा करना था। उनके नेतृत्व में, पार्टी ने तेज़ी से लोकप्रियता हासिल की और 2018 के आम चुनावों में एक महत्वपूर्ण राजनीतिक ताकत के रूप में उभरी।

उन्होंने अपने भाषणों और विचारों से इतालवी लोगों को प्रभावित किया, खासकर उन लोगों को जो इटली के पारंपरिक मूल्यों और राष्ट्रवाद में विश्वास करते थे। हालांकि उन्हें शुरुआती दौर में राजनीतिक विरोधियों और मीडिया की आलोचना का सामना

करना पड़ा, लेकिन उन्होंने हमेशा अपने विचारों पर टिके रहकर आगे बढ़ने का फैसला किया। उनके भाषण में स्पष्टता और आत्मविश्वास ने उन्हें एक मजबूत नेता बनाया।

अपनी खुद की पार्टी की स्थापना करना उनके जीवन में एक निर्णायक कदम था, जो अपने आप में एक बहुत बड़ी उपलब्धि है, और किसी भी देश में एक नई पार्टी स्थापित करने के लिए जनता का समर्थन आवश्यक है। बेशक, ऐसा ऐतिहासिक कदम केवल वही व्यक्ति उठा सकता है जिसने वास्तव में लोगों के लिए काम किया हो, जो उनके बीच रहा हो और उनके दिलों में जगह बनाने में सफल रहा हो।

उन्होंने अपनी पार्टी का नाम इतालवी राष्ट्रगान की शुरुआती पंक्तियों से लिया। इससे उनकी राष्ट्रवादी भावनाओं को स्पष्ट रूप से समझा जा सकता है, और उनके देश के प्रति गहरा सम्मान स्पष्ट हो जाता है, अपनी मातृभूमि के लिए एक विशेष लगाव और प्यार, एक प्रगति की ओर ले जाने के दृढ़ संकल्प ने उन्हें इतने लंबे समय तक लड़ने का साहस दिया।

2013 के चुनाव में उनकी पार्टी की पहली आधिकारिक भागीदारी हुई। हालांकि, इस चुनाव में उनकी पार्टी का प्रदर्शन उल्लेखनीय नहीं रहा। इसी बीच, 2016 में, जियोर्जिया ने मेयर पद के लिए चुनाव लड़ा, लेकिन वह तीसरे स्थान तक नहीं पहुंच सकीं और इस तरह दूसरे दौर के लिए क्वालीफाई करने में असफल रहीं। **"किंतु जो हार मान लें भला वो इतिहास कैसे रच सकता है?"** उसी अटूट साहस और आत्मविश्वास के साथ, जो **"कठोर सर्दियों के बाद वसंत के फूलों"** की तरह खिलता है, वह एक बार फिर मजबूती से खड़ी हुईं।

2018 में, लगभग पांच साल बाद, उन्होंने अपनी पार्टी के साथ फिर से चुनाव लड़ा —

और इस बार भी, उनकी पार्टी ने अच्छा प्रदर्शन नहीं किया। उन्हें केवल 4.5% वोट मिले, इस बार भी असफलता हाथ लगी। लेकिन इसी चुनाव में उन्होंने एक मजबूत विपक्ष के रूप में अपनी पहचान बनाई। पार्टी अब पूरी तरह अस्तित्व में आ चुकी थी और 2018 में उन्होंने एक ताकतवर विपक्षी पार्टी का नेतृत्व किया। उनकी बढ़ती पहचान को देखते हुए, उन्हें 2020 में यूरोपियन पार्टियों ने सम्मानित किया और यूरोपीय संसद की अध्यक्षता के लिए नामित किया।

इसके बाद, 2022 में इटली में फिर से चुनाव हुए और उन्होंने फिर से भाग लिया। बचपन से ही उन्होंने संघर्ष करना और जीवन में आगे बढ़ना सीखा था। लगातार मेहनत और धैर्य के साथ, उनकी पार्टी "द ब्रदर्स ऑफ इटली" और उनकी सहयोगी पार्टियों ने 2022 के चुनाव में बड़ी जीत हासिल की। उनकी पार्टी ने शानदार प्रदर्शन किया और '**इटली की सबसे बड़ी पार्टी**' बन गई।

2022 में, उन्होंने इटली की राजनीति में एक नया इतिहास रच दिया। उनकी पार्टी Fratelli d'Italia ने आम चुनावों में जबरदस्त जीत हासिल की और इस तरह जॉर्जिया मेलोनी इटली की पहली महिला प्रधानमंत्री बन गईं।

इस जीत ने न सिर्फ इटली में, बल्कि दुनियाभर में उनके नेतृत्व की क्षमता को मान्यता दिलाई। यह सफलता सिर्फ उनके राजनीतिक कौशल का परिणाम नहीं थी, बल्कि उनके मजबूत इरादों और देशभक्ति की भावना का भी प्रतीक थी। उन्होंने हमेशा इटली के हितों को प्राथमिकता दी और अपनी पार्टी को एकजुट किया। इस जीत ने साबित किया कि इटली की जनता को उनके विचारों और नीतियों पर भरोसा है।

इसके साथ ही, <u>वह अक्टूबर 2022 में इटली की पहली और सबसे युवा प्रधानमंत्री बनीं।</u>

यह उनके जीवन की एक और ऐतिहासिक उपलब्धि थी। इस चुनाव ने उनके राजनीतिक सफर में एक नए अध्याय की शुरुआत की। अब उन्होंने अपने देश के सर्वोच्च नेतृत्व पद को प्राप्त कर लिया है, जो हर राजनीतिक उम्मीदवार का सपना होता है। राजनीति के क्षेत्र में इससे बड़ा कोई पद नहीं होती; और इस पद को संभालना मतलब देश की प्रगति में अहम भूमिका अदा करने का सौभाग्य प्राप्त करना।

नोटः ये सब दिखने में आँकड़े भर लग सकते हैं, लेकिन यह जॉर्जिया मेलोनी के जीवन की सच्ची उपलब्धियाँ और यादगार पल हैं।

उनका राजनीतिक सफर चुनौतियों से भरा रहा है। एक महिला होने के नाते, उन्होंने अपनी जगह उस क्षेत्र में बनाई जो लंबे समय से पुरुषों के प्रभुत्व वाला रहा है। अपने राजनीतिक करियर की शुरुआत में ही उन्हें यह साबित करना पड़ा कि वह एक कमजोर नेता नहीं, बल्कि एक योग्य और सक्षम नेता है। उनकी पार्टी 'Fratelli d'Italia' को शुरूआत में एक मामूली संगठन माना जाता था। लेकिन अपनी राजनीतिक सोच और गहरी समझ से उन्होंने इस पार्टी को एक मजबूत राजनीतिक शक्ति में बदल दिया। इटली की राजनीतिक दुनिया में उनके विरोधी अक्सर उन्हें आलोचना का निशाना बनाते थे। उनकी पार्टी के दक्षिणपंथी विचारों से जुड़े होने के कारण उन्हें 'फासीवादी' तक कहा गया। लेकिन उन्होंने हमेशा इन आरोपों को सिरे से नकारा और स्पष्ट रूप से बताया कि उनकी पार्टी का मकसद अपने देश की सेवा करना और उसकी संप्रभुता की रक्षा करना है।

शायद अपने संघर्षों से भरे जीवन के कारण ही वह खुद को एक मजबूत इंसान के रूप में स्थापित कर सकी। उन्होंने यह साबित किया कि "कड़ी मेहनत किसी की भी आधिकारिक संपत्ति नहीं होती; कोई भी मेहनत करके अपने जीवन में ऊँचाई हासिल कर सकता है।"

उनके जीवन में एक समय ऐसा भी आया जब जरूरत पड़ने पर उन्हें **"बारटेंडर और वेटर तक का काम करना पड़ा।"** आज वही महिला, जो कभी वेटर थी, आज अपने देश की सबसे ऊँची राजनीतिक कुर्सी प्रधानमंत्री तक पहुँच गई। इसीलिए उसकी सफलता की कहानी हर किसी के लिए प्रेरणा बन गई है। अपनी आत्मकथा में उन्होंने उल्लेख किया है कि **"उन्होंने जीने की कला संसद में नहीं, बल्कि बार के पीछे सीखी।"** इसका मतलब है कि उन्होंने अपने अनुभवों से जीने की कला सीखी।

उनके जीवन और सफलता की कहानी से यह समझा जा सकता है कि जीवन में काम करके जो अनुभव मिलते हैं, वे सफलता पाने में कितने काम आते हैं। भले ही वह आज प्रधानमंत्री बन चुकी है, लेकिन आज भी वह अपनी **'जीवन जीने की कला'** का श्रेय उन अनुभवों को देती है जो उन्होंने बारटेंडर और वेटर के रूप में काम करते हुए सीखे। यही जीवन के अनुभवों का महत्व है—जो कोई व्यक्ति मेहनत से काम करके हासिल करता है। ये अनुभव उसे जीने की असली कला सिखाते हैं। उनके विचारों से यह समझा जा सकता है कि जीवन में कोई भी काम छोटा या बड़ा नहीं होता, असली बात यह है कि आप उसे कितनी लगन और मेहनत से करते हैं। अगर आप किसी छोटे से काम को भी सच्ची निष्ठा से करते हैं, तो वह भी जीवन में आपको एक जरूरी सबक और अनुभव दे जाता है।

अगर कोई आम इंसान समाज में साधारण नौकरी करते हुए यह कहे कि "मैं भविष्य में इस देश का प्रधानमंत्री बनूँगा," तो लोग उसका मजाक बनाएंगे। लेकिन यही जीवन का सच है, और इतिहास इस बात का गवाह है कि जो इंसान ईमानदारी से मेहनत करता है—चाहे उसका काम छोटा हो या बड़ा—वह इंसान ही जीवन में आगे बढ़ता है और बड़ी उपलब्धियाँ हासिल करता है।

किसी व्यक्ति की सफलता की कहानी तब और भी ज़्यादा प्रेरणादायक बन जाती है जब वह एक साधारण पृष्ठभूमि से आता है, लेकिन उसमें अपनी जिंदगी में असाधारण कार्य करने की काबिलियत होती है। हमारे देश के माननीय 'प्रधानमंत्री श्री नरेंद्र मोदी' को वर्तमान समय के सबसे प्रेरणादायक नेता माना जाता है। इसका कारण है उनका साधारण पारिवारिक पृष्ठभूमि से आना। एक साधारण परिवार से होने के बावजूद, उन्होंने अपने जीवन में संघर्ष, आत्मविश्वास, धैर्य और साहस के बल पर असाधारण उपलब्धियाँ हासिल कीं। यही कारण है कि आज वे पूरे विश्व के लिए प्रेरणा का स्रोत बन चुके हैं।

अगर हम ध्यान दें, तो इतिहास से लेकर वर्तमान तक हम पाते हैं कि वे लोग अधिक प्रेरणादायक बने हैं जिन्होंने **साधारण पृष्ठभूमि के बावजूद अपने जीवन में असाधारण कार्य किए।** चाहे वह सम्राट अशोक हों, नेल्सन मंडेला, राष्ट्रपिता महात्मा गांधी, मार्टिन लूथर किंग जूनियर हों या अन्य महान व्यक्ति—इन्होंने वह किया जो शायद विशेष पृष्ठभूमि वाले लोग भी न कर पाएं। जिनकी सफलता पहले से तय होती है, उनकी कहानी न तो ऐतिहासिक बन पाती है और न ही प्रेरणादायक।

सफलता के क्षेत्र में इतिहास वही लोग बनाते हैं जो कठिनाइयों का सामना करते हैं और असाधारण उपलब्धियाँ प्राप्त करते हैं। वे प्रेरणा के स्रोत बनते हैं, जिन्हें पीढ़ियों तक याद रखा जाता है। जो सफलता दूसरों को असंभव लगती है, वह इतिहास में अमिट छाप छोड़ देती है और आने वाली पीढ़ियों के लिए प्रेरणा का प्रकाशस्तंभ बन जाती है।

"जितना अधिक संघर्ष एक व्यक्ति जीवन में करता है, वह उतना ही अधिक साहसी, आत्मविश्वासी और विनम्र बनता है।" केवल पद किसी को महान नहीं बनाता; बल्कि व्यक्ति अपने गुणों से पद को महान बनाता है।

किसी भी भूमिका का महत्व उस व्यक्ति की योग्यता पर निर्भर करता है जो उस पद पर होता है। उन्होंने अपने जीवन के विभिन्न चरणों और भूमिकाओं में अपनी योग्यता को साबित किया और अंततः सफलता की ऊँचाइयों तक पहुँचीं। वे अपने देश की पहली महिला हैं जिन्होंने इस पद को हासिल किया, जिससे उनका सफर ऐतिहासिक, प्रेरणादायक और खासकर महिलाओं के लिए एक सशक्त और प्रेरणादायक उदाहरण बन गया।

उनका जीवन बचपन से ही उन्हें संघर्ष से जूझना और मजबूती से खड़े रहना सिखाता रहा, जिससे वे चुनौतियों को पार कर सकीं और अपने रास्ते खुद बना सकीं। जब उन्होंने राजनीति में कदम रखा, तब शायद उन्होंने कभी नहीं सोचा था कि वे अपने देश के सबसे ऊँचे राजनीतिक पद तक पहुँचेंगी। उनका राजनीतिक सफर को लगभग 30 वर्ष हो गए, जो 47 वर्ष की अपेक्षाकृत कम उम्र में प्रधानमंत्री बनने के रूप में वर्तमान में जारी हैं। इस उम्र में प्रधानमंत्री बनने की उपलब्धि हासिल करना तुलनात्मक रूप से सराहनीय है। इस प्रकार उन्होंने पूरी दुनिया में एक युवा प्रधानमंत्री बनने का भी रिकॉर्ड बनाया हैं।

अपनी नेतृत्व क्षमता और प्रभावशाली वक्तृत्व कला के दम पर उन्होंने बहुत कम समय में यह उपलब्धि हासिल की। उन्होंने खुद को एक लोकप्रिय वैश्विक नेता के रूप में स्थापित किया। उन्होंने G-20 और G-7 सम्मेलनों में नेतृत्व कर और वैश्विक मुद्दों पर सकारात्मक और सक्रिय राय देकर यह साबित कर दिया कि वे वैश्विक मंच पर भी अपनी प्रभावशाली क्षमता रखती है।

आज उनका नाम विश्व के प्रसिद्ध नेताओं की सूची में शामिल है। इतनी कम अवधि में एक वैश्विक पहचान बनाना अपने आप में एक सराहनीय बात है। किसी भी राजनेता के लिए अपने देश में पहचान बनाना विशेष होता है, लेकिन अंतरराष्ट्रीय स्तर पर यह एक असाधारण उपलब्धि मानी जाती है।

किसी राजनेता के लिए वैश्विक स्तर पर लोकप्रियता हासिल करना कोई आसान बात नहीं होती। बहुत ही कम राजनेता ऐसे होते हैं जो इतनी अलग पहचान बना पाते हैं। चाहे वह उनकी नेतृत्व क्षमता हो, संवाद कला, कूटनीतिक समझ, सांस्कृतिक समझ, या अंतरराष्ट्रीय संबंधों की विशेष जानकारी—वैश्विक स्तर पर पहचान बनाना अपने आप में एक बड़ी उपलब्धि है।

इतिहास में बहुत ही कम व्यक्तित्व ऐसे हुए हैं जिन्होंने एक खास वैश्विक पहचान बनाई है, चाहे वे किसी भी क्षेत्र से जुड़े हों। जैसे नेल्सन मंडेला, जो अफ्रीका के पहले अश्वेत राष्ट्रपति थे, लेकिन आज उनकी खूबियों को पूरा विश्व जानता है और वे प्रेरणा का स्रोत माने जाते हैं। महात्मा गांधी, जो भारत के राष्ट्रपिता हैं, उनके सिद्धांतों को पूरी दुनिया ने अपनाया है। अब्राहम लिंकन को अमेरिका में दास प्रथा खत्म करने का श्रेय जाता है। बराक ओबामा—"वे अमेरिका के पहले अश्वेत राष्ट्रपति बने।" दुनिया मदर टेरेसा जैसे व्यक्तित्वों से प्रेरणा लेती है, जिन्हें सेवा और करुणा की प्रतिमूर्ति माना जाता है।

डॉ. भीमराव अंबेडकर को गुणवत्ता और न्याय की आवाज़ के रूप में जानि जाता है। स्वामी विवेकानंद, विराट कोहली, क्रिस्टियानो रोनाल्डो और एलन मस्क जैसे व्यक्तित्व अपनी अलग कार्यशैली और विचारधारा के कारण पूरी दुनिया में प्रेरणा का स्रोत बने हैं, जो क्षेत्रीय सीमाओं से परे जाकर लोगों को प्रभावित करते हैं।

इसी तरह, जॉर्जिया मेलोनी भी वैश्विक मुद्दों पर अपनी सहयोगात्मक विचारधारा प्रस्तुत करती हैं। ग्लोबल लीडर अप्रूवल रेटिंग (स्रोत: **morningconsult.com**) के अनुसार, वे किसी एक क्षेत्र तक सीमित नहीं हैं वैश्विक नेताओं में जॉर्जिया को छठा (6वां) स्थान मिला है। यूरोप महाद्वीप में वे दूसरे स्थान पर हैं, स्विट्ज़रलैंड के नेता एलेन बर्सेट के बाद।

प्रधानमंत्री बनने के बाद उनकी लोकप्रियता में जबरदस्त इज़ाफा हुआ है, जिससे उनकी सफलता की कहानी एक नए मुकाम पर पहुँच गई। खास बात यह है कि इस सूची में शीर्ष 10 नेताओं में वे एकमात्र महिला हैं, जो यह साबित करता है कि वे दुनियाभर की महिलाओं के लिए प्रेरणा स्रोत हैं, जिन्होंने मजबूत महिला नेतृत्व स्थापित किया है। उनकी सफलता की कहानी यह दिखाती है कि उन्होंने क्षेत्रीय पहचान से राष्ट्रीय और फिर वैश्विक स्तर तक सफर तय किया है।

एक क्षेत्रीय नेता से एक वैश्विक नेता बनने की यात्रा निश्चित ही संघर्षों से भरी रही है। उन्होंने निरंतर खुद को हर स्तर पर साबित किया और अंततः सफलता की ऊँचाइयों तक पहुँचीं। इस पहचान की वजह से आज वे यूरोप और विश्व की सबसे लोकप्रिय नेताओं में गिनी जाती हैं, और उनकी सफलता की कहानी हर किसी के लिए प्रेरणा का स्रोत है।

साल 2022 में फोर्ब्स ने उन्हें दुनिया की 7वीं सबसे ताकतवर महिला घोषित किया था। मात्र एक साल बाद, 2023 में, उन्हें चौथी सबसे ताकतवर महिला का दर्जा मिला। यह दिखाता है कि वे एक वैश्विक स्तर पर सम्मानित और प्रभावशाली व्यक्तित्व बन चुकी हैं। 2024 में उन्हें टाइम मैगज़ीन की 'दुनिया के 100 सबसे प्रभावशाली लोगों' की सूची में भी शामिल किया गया।

उनकी सफलता की कहानी यह दर्शाती है कि उन्होंने एक सामाजिक आंदोलन की सदस्य के रूप में शुरुआत की, और एक लंबी राजनीतिक यात्रा के बाद वे प्रधानमंत्री के पद तक पहुँचीं। "**उनकी कहानी संघर्ष, साहस, धैर्य, लगातार प्रयास, पूर्ण जीवन जीने और हर परिस्थिति में आगे बढ़ने और हर चुनौती से लड़ने की कहानी है।**" यह अनगिनत अनुभवों और जीवन जीने की कला में महारत हासिल करने की यात्रा को दर्शाती है।

उन्होंने अपने रास्ते में आने वाली हर कठिनाई का बहादुरी से सामना करके सफलता पाई। उनका व्यक्तिगत संघर्ष उन लोगों के लिए प्रेरणा का प्रतीक है जो अपने जीवन में कठोर संघर्षों का सामना कर रहे हैं, और जिन्होंने लंबे समय तक अभाव और सामाजिक बाधाओं को सहन किया है। अपने प्रियजनों के प्यार का अभाव महसूस किया। जिन्होंने अपनी किशोरावस्था में ही अपने घर की जिम्मेदारी संभाली।

लेकिन फिर भी जिसने हर स्तर पर बाधाओं का सामना किया। प्रतिकूल परिस्थितियों के बावजूद, जिसने गरीबी या संघर्ष को अपने रास्ते में बाधा नहीं बनने दियाजिसने तमाम मुश्किलों के बाद भी अपने परिवार और राष्ट्र का नाम रोशन किया और अपने आप को एक सफलता के प्रतीक के रूप में स्थापित करने में सफलता प्राप्त की।

"यह यात्रा व्यक्तिगत से कहीं अधिक है - यह एक वैश्विक प्रेरणा है। यह एक साहसी और दृढ़ निश्चयी महिला जॉर्जिया मेलोनी, इटली की पहली महिला प्रधानमंत्री के साहस और दृढ़ निश्चय की कहानी हैं। अपने जीवन के कठोर संघर्षों का सामना करते हुए, उन्होंने इतिहास में एक शक्तिशाली और सफल नेता के रूप में अपना स्थान बनाया।"

न उनका जन्म सामान्य था, न उनका बचपन सामान्य था, न उनकी किशोरावस्था सामान्य थी, और न ही इनकी कामयाबी सामान्य थी।" इसीलिए इनके जीवन की कहानी एक असामान्य सफलता की कहानी बन गई, अर्थात ऐसी सफलता जिसकी कोई भी पूर्वकल्पना नहीं कर सकता था।

उनकी राजनीतिक यात्रा लंबी और संघर्षों से भरी रही है, लेकिन उन्होंने कभी हार नहीं मानी। 2016 में रोम के मेयर का चुनाव हारने और 2018 के चुनावों में कम वोट मिलने के बावजूद, उन्होंने प्रयास जारी रखा।

उनके धैर्य और दृढ़ संकल्प ने उन्हें सफलता दिलाई। उनकी पार्टी, 'ब्रदर्स ऑफ इटली', ने धीरे-धीरे राष्ट्रीय स्तर पर अपनी पहचान बनाई और अंततः 2022 में एक बड़ी जीत हासिल की। उनकी नेतृत्व क्षमता भी उनकी सफलता में एक महत्वपूर्ण कारक है। उन्होंने 'ब्रदर्स ऑफ इटली' को अपने राष्ट्र की सबसे बड़ी राजनीतिक पार्टी में बदल दिया।

उनकी क्षमता न केवल पार्टी को संगठित रखती है, बल्कि उन्होंने पार्टी की विचारधारा को स्पष्ट और मजबूती से प्रस्तुत किया है। वह अपनी टीम का प्रभावी ढंग से नेतृत्व करती हैं, जो एक बड़ा कारण है कि उनके समर्थक उनके साथ मजबूत से खड़े हैं। उनकी बोलने की शैली काफी प्रभावशाली है। वह अपने विचारों को बड़े आत्मविश्वास और स्पष्टता के साथ व्यक्त करती हैं। उनकी भावनात्मक और भावुक बोलने की शैली ने उन्हें आम जनता के बीच लोकप्रिय बना दिया है। वह उन मुद्दों पर अपनी आवाज़ उठाती हैं जो जनता के लिए महत्वपूर्ण हैं, और उन्हें स्पष्ट और सीधी भाषा में व्यक्त करती हैं।

उनके कई भाषण भावनात्मक और जनता से जुड़े होते हैं, जिससे लोग उनसे व्यक्तिगत रूप से जुड़े हुए महसूस करते हैं। उन्होंने सामाजिक मुद्दों पर हमेशा अपनी स्पष्ट और मजबूत राय रखी, जिसने उन्हें अपने समर्थकों के बीच एक मजबूत और प्रभावशाली नेता के रूप में स्थापित किया है।

उनकी साधारण पारिवारिक पृष्ठभूमि और उनके जीवन के संघर्षों ने उन्हें एक आम जनता के करीब ला दिया है। इस वजह से, लोग उनसे अधिक जुड़ाव महसूस करते हैं। एक साधारण परिवार से आने और घरेलू संघर्षों का सामना करने के कारण, वह जमीनी स्तर पर लोगों की समस्याओं को बहुत अच्छी तरह से समझती हैं। उनके व्यक्तिगत जीवन की कठिनाइयों और चुनौतियों ने उन्हें एक संवेदनशील और प्रभावी नेता बनाया है।

उन्होंने इटली की पहली महिला प्रधान मंत्री बनने का गौरव हासिल किया है। यह इटली के राजनीतिक इतिहास में एक बड़ी जीत थी। यह इटली के राजनीतिक इतिहास में एक बड़ी जीत थी। यह विशेष रूप से एक ऐसे देश में महत्वपूर्ण था जो लंबे समय से पुरुषों द्वारा शासित रहा है।

उन्होंने खुद को एक मजबूत महिला नेता के रूप में प्रस्तुत किया जो न केवल इटली में बल्कि पूरी दुनिया में महिलाओं के लिए एक प्रेरणा बन गईं। उनकी सफलता प्राप्त करना उन महिलाओं के लिए एक संदेश है कि कोई भी अपने लक्ष्य को प्राप्त कर सकता है, चाहे परिस्थितियाँ कितनी भी कठिन क्यों न हों। मेलोनी ने यह साबित किया है कि एक महिला भी सबसे कठिन राजनीति में नेतृत्व कर सकती है।

जीवन से मिली प्रेरणा

जॉर्जिया मेलोनी का जीवन प्रेरणादायक है, जो साहस, संघर्ष, आत्मविश्वास और दृढ़ संकल्प से परिपूर्ण है। हम उनके जीवन से बहुत कुछ सीख सकते हैं, न केवल व्यक्तिगत स्तर पर बल्कि सामाजिक और राजनीतिक स्तर पर भी। हम इसे विस्तार से समझने की कोशिश करते हैं:

1. संघर्षों का सामना करना
2. अपना काम जुनून के साथ करना
3. जीवन में आगे बढ़ते रहना
4. आत्मविश्वासी बनना
5. लगातार कोशिश करते रहना
6. अपनी जिम्मेदारियों को निभाना
7. हर विपरीत परिस्थिति में सकारात्मक रहना
8. सामाजिक रूप से जागरूक रहना
9. देशभक्ति की भावना रखना
10. मजबूत महिला नेतृत्व को बढ़ावा देना
11. पूर्वाग्रहों को तोड़ना
12. राजनीति में महिलाओं को बढ़ावा देना
13. संचार कौशल में सुधार करना
14. नेतृत्व कौशल सीखना
15. जीवन में बड़े फैसले लेने से न हिचकिचाना
16. हारने से न डरना
17. अपने क्षेत्र के हिरो बनो
18. आत्मनिर्भरता और आत्म-सम्मान
19. राष्ट्रीय पहचान और गौरव.
20. आदर्श और मूल्य आधारित राजनीति

21. महिला सशक्तिकरण के प्रति प्रतिबद्धता

संघर्षों का सामना करना

संघर्ष जीवन का एक अभिन्न अंग है, यह कभी समाप्त नहीं होता। इससे पीछा छुड़ाकर जीवन में आगे नहीं बढ़ा जा सकता। यदि कोई ऐसा करने की कोशिश करे, तो वह निश्चित रूप से जीवन की दौड़ में पीछे रह जाएगा। जॉर्जिया मेलोनी के जीवन से हमें यही सीख मिलती है कि जीवन में संघर्षों का सामना करने के साथ ही आगे बढ़ा जा सकता है। जैसा कि हमने पहले देखा है, उनके जीवन में जन्म से ही बहुत मुश्किलें थीं, लेकिन उन्होंने हर पड़ाव पर संघर्ष किया और खुद को एक सफल इंसान बनाया। संघर्ष और जीवन एक-दूसरे से इस प्रकार जुड़े हैं, की **"जब तक जीवन है, तब तक संघर्ष है"** - अर्थात् ये दोनों एक-दूसरे के समानांतर चलते हैं। हमें संघर्षों को स्वीकार करना होगा और उनका सामना करते हुए ही जीवन में आगे बढ़ना होगा।

जैसा कि हर सफल व्यक्ति की कहानी हमें सिखाती है, उन्होंने जीवन में आई चुनौतियों और संघर्षों का बहादुरी से सामना किया। इस दुनिया में कोई भी ऐसा इंसान नहीं है जिसका जीवन संघर्षों से मुक्त हो। संघर्ष हर इंसान के जीवन का हिस्सा है और सफलता की कहानियों का आधार भी यही है। कोई भी सफल इंसान अपनी सफलता की कहानी में संघर्षों का सामना करते हुए जीवन में आगे बढ़ने का ज़िक्र ज़रूर करता है। इसलिए, संघर्षों को आनंद समझने के बाद ज़िंदगी मुश्किल नहीं, बल्कि रोमांचक लगने लगती है! संघर्षों का अपना एक अलग ही आनंद है। जीवन में उस आनंद को महसूस करने की कोशिश करें। फिर आपको संघर्ष, संघर्ष नहीं, बल्कि जीवन का एक रोमांचक खेल लगेगा, जिसे आप बड़े उत्साह से पूरा करने में आनंद महसूस करेंगे संघर्ष तब तक ही संघर्ष लगता है जब तक आपने अपनी कल्पनाओं में उसे डरावना बना रखा है।

लेकिन जब आप काल्पनिक डरावनी छवि को हटाकर संघर्षों की महानता को समझना शुरू करेंगे, तो आप महसूस करेंगे कि संघर्ष के बिना जीवन का कोई सार ही नहीं है। संघर्ष जीवन को रोमांचक और प्रेरणादायक बनाता है, और इसी प्रकार जॉर्जिया मेलोनी ने भी अपने जीवन में संघर्षों का बहादुरी से सामना कर सफलता के कीर्तिमान स्थापित किए।

जूनून और उत्साह के साथ अपना काम करना

जूनून और उत्साह वह शक्ति है जो किसी व्यक्ति को उसकी कमज़ोर परिस्थितियों के बावजूद सफलता दिलाती है। उत्साह और जुनून से भरा हुआ व्यक्ति सुविधाओं का मोहताज नहीं होता। यही इंसान को बुरी से बुरी स्थिति से बाहर निकलने के लिए प्रेरित करते हैं और निरंतर कार्य करने का साहस प्रदान करते हैं। इनकी वजह से ही इंसान नकारात्मक परिस्थितियों के बीच भी सकारात्मक रवैया अपनाता है। जूनून और उत्साह कमज़ोर आर्थिक स्थिति, कमज़ोर शारीरिक स्थिति, कमज़ोर पारिवारिक स्थिति, और किसी भी प्रकार की कमज़ोर स्थिति के बावजूद इंसान में जीतने की चाहत को जीवित रखते हैं।

जॉर्जिया मेलोनी ने भी अपने अंदर जूनून और उत्साह बनाए रखा। उन्हें नाईट बार में बारटेंडर का काम करना पड़ा या कम उम्र में ही पारिवारिक आर्थिक ज़िम्मेदारियाँ उठानी पड़ीं। उन्होंने कभी भी जीवन जीने का जूनून और उत्साह अपने अंदर से ख़त्म नहीं होने दिया। यही कारण है कि आज वह एक सफल राजनीतिज्ञ और अपने देश की प्रधानमंत्री हैं। "उत्साह और जूनून की वजह से ही उन्होंने बारटेंडर से लेकर प्रधानमंत्री बनने तक का सफ़र तय किया।" परिस्थितियों से हार मान लेने से जीवन आसान नहीं होता, और अधिकांश लोग परिस्थितियों से हार मान लेते हैं। लेकिन यदि जीवन जीने का उत्साह और जूनून दिल में हो, तो कठिन परिस्थितियों में भी हल निकल जाता है।

उत्साह और जुनून इंसान को शारीरिक और मानसिक रूप से सक्रिय रखते हैं। वे निराशा और हतोत्साह से दूर रखते हैं, जिससे इंसान अपने कार्य को अधिक ध्यान केंद्रित करके कर पाता है। किसी भी परिस्थिति का अंतिम परिणाम चाहे जो भी हो, यदि इंसान निराश और हतोत्साहित हो जाए, तो परिणाम के नकारात्मक आने की संभावना बढ़ जाती है। यही निराशा और हतोत्साह कई बार नकारात्मक परिणामों का कारण बन जाती है, क्योंकि इस स्थिति में इंसान अपनी वास्तविक क्षमताओं से कार्य नहीं कर पाता। इसलिए, जीवन में उत्साह और जुनून को हमेशा ज़िंदा रखना ज़रूरी है। परिणाम चाहे जो भी हो, लेकिन परिस्थितियों से आप अपनी पूरी क्षमताओं के साथ लड़ पाएंगे, और यदि परिणाम नकारात्मक भी आए, तो भी वह अनगिनत सकारात्मक अनुभव लेकर आएगा, जो अंततः आपके जीवन की सफलता में मील का पत्थर साबित होंगे।

जीवन में निरंतर आगे बढ़ते रहना

एक कहावत है, "स्थिर पानी में फंगस लग जाते हैं, वहीं बहता पानी स्वस्थ होता है।" ठीक इसी तरह, जीवन में भी यदि आप निरंतर आगे नहीं बढ़ते, तो आपके जीवन में नकारात्मकता, निराशा, हतोत्साह, और असफलता के रूप में फंगस लग सकते हैं। इसलिए, जीवन में बेहतरी के लिए ज़रूरी है कि आप निरंतरता बनाए रखें। हमेशा कोशिश करें कि आज जिस स्तर पर आज हैं, आने वाले समय में उस स्तर से और ऊपर उठें। जॉर्जिया मेलोनी ने निरंतर आगे बढ़ने का एक बेहतरीन उदाहरण पेश किया है। उन्होंने एक सामाजिक आंदोलन की सदस्य के रूप में शुरुआत की, फिर कानूनी उत्तराधिकारी के पद पर रही, पार्षद और मंत्री के रूप में कार्य किया, विपक्षी दल की नेता बनीं, खुद का राजनीतिक दल स्थापित किया, और अंततः प्रधानमंत्री के पद तक पहुँचीं। यह सब निरंतर आगे बढ़ने का ही परिणाम है जिसने उन्हें आज एक वैश्विक नेता बना दिया है।

कुछ लोग जीवन में बहुत जल्दी संतुष्ट हो जाते हैं, बिना अपनी असली क्षमताओं को पहचाने। क्षमताएं हर इंसान में होती हैं, लेकिन उन क्षमताओं के अनुसार आगे बढ़ने का साहस हर किसी में नहीं होता। यह साहस जीवन में कुछ ही लोग दिखा पाते हैं और इसीलिए कामयाबी तक पहुँचने वाले लोग भी कुछ ही होते हैं।

जॉर्जिया मेलोनी ने जीवन में निरंतर आगे बढ़ने की दिशा में साहस दिखाया, जिससे आज वह एक प्रेरणादायक और सफल इंसान बन पाई हैं। जीवन में आगे बढ़ते रहने की चाह हर इंसान को रखनी चाहिए। जीवन में निरंतर आगे बढ़ना ही जीवन का असली आधार है। इससे इंसान आत्मविश्वास, साहसी, अनुभवी और सफल बनता है। सफलता का कोई निश्चित पैमाना नहीं है कि यहाँ पहुँचने का मतलब है आप सफल हो गए। असली सफलता यही है कि जीवन जीते हुए निरंतर आगे बढ़ते रहें।

आत्मविश्वासी बनो

जब तक इंसान को खुद पर भरोसा न हो तब तक वह सफल नहीं हो सकता, फिर चाहे पूरी दुनिया को उस पर भरोसा क्यों न हो और वहीं चाहे पूरी दुनिया को उस इंसान पर भरोसा न हो लेकिन यदि उसे खुद पर भरोसा है तो उसे सफल होने से कोई नहीं रोक सकता, इतनी शक्ति होती है आत्मविश्वास में। **"जहाज अपने चारों तरफ के पानी से नहीं डूबता, जहाज में पानी भर जाने से डूबता है।"** इसका मतलब है कि जहाज रूपी इंसान के चारों तरफ चाहे कितनी भी नकारात्मकता हो, और चाहे दुनिया का कोई भी व्यक्ति आप पर भरोसा न करे, तब भी जब तक आपको खुद पर विश्वास है कि आप जो सोचते हैं, वह आप कर सकते हैं, तब तक किसी भी नकारात्मक प्रभाव का असर आप पर नहीं पड़ेगा। आत्मविश्वास ही है जो आपको हर हाल में सफल होने का साहस देता है। जब तक आत्मविश्वास जीवित है, तब तक दुनिया की कोई भी ताकत आपको तोड़ नहीं सकती।

जोर्जिया मेलोनी ने भी अपने जीवन में आत्मविश्वास के साथ बड़े निर्णय लिए और बड़ी जिम्मेदारियाँ संभालीं। उन्होंने अपनी स्वयं की राजनीतिक पार्टी का गठन किया और एक महिलाहोते हुए भी राजनीति के क्षेत्र में उत्कृष्टता हासिल की, जो सामान्यतः पुरुषों का क्षेत्र माना जाता है। उन्होंने यह साबित किया कि आत्मविश्वास के साथ राजनीति में भी सफल हो सकते हैं।

हालाँकि राजनीति में महिलाओं की भागीदारी बढ़ी है, लेकिन उनकी संख्या अभी भी कम है। जॉर्जिया मेलोनी ने आत्मविश्वास के साथ न केवल राजनीति में अपनी जगह बनाई, बल्कि अपनी पार्टी को इटली की सबसे बड़ी राजनीतिक पार्टी बना दिया। यह भी संभव नहीं कि उनके जीवन में किसी ने उन्हें नकारात्मक रूप से प्रभावित करने की कोशिश नहीं की। हर इंसान के जीवन में ऐसे लोग होते हैं जो आत्मविश्वास को कम करने की कोशिश करते हैं। उनके जीवन में भी ऐसा जरूर रहा होगा, लेकिन उन्होंने खुद पर विश्वास बनाए रखा और सफलता प्राप्त की।

"आत्मविश्वास के बिना इंसान अंदर से खोखला होता है, और वह अपनी नहीं बल्कि दूसरों की ज़िंदगी जीने को मजबूर हो जाता है।" इसलिए जीवन में आत्मविश्वास बनाए रखना अत्यंत आवश्यक है। आपका आत्मविश्वास ही आपको कामयाबी की ओर ले जा सकता है, किसी और के विश्वास की अपेक्षा खुद के विश्वास की ज़रूरत सबसे ज़्यादा होती है। इसलिए जीवन में आत्मविश्वासी बनो।

निरंतर प्रयास करते रहो

"Consistency is the key to success"

यदि कोई व्यक्ति अत्यधिक टैलेंटेड है लेकिन निरंतर प्रयास नहीं करता, तो उसके सफल होने की संभावना कम हो सकती है।

इसके विपरीत, एक व्यक्ति जो कम टैलेंटेड होते हुए भी निरंतर प्रयास करता है, उसकी सफलता की संभावना अधिक होती है। आपने बचपन में "खरगोश और कछुए" की कहानी सुनी होगी। इस कहानी का सारांश यह है कि जो बहुत तेज़ी से दौड़ता है, वह जल्दी थक जाता है और पीछे रह जाता है। वहीं, जो संतुलित और स्थिर गति से दौड़ता है, वह अंततः सफल हो जाता है। वहीं, जो संतुलित और स्थिर गति से दौड़ता है, वह अंततः सफल हो जाता है। यही जीवन की भी वास्तविकता है। सफल और असफल व्यक्ति के बीच सबसे बड़ा अंतर यह होता है कि सफल व्यक्ति तब तक प्रयास करता रहता है जब तक उसे सफलता नहीं मिल जाती, जबकि असफल व्यक्ति कुछ प्रयासों के बाद ही हार मान लेता है और जीवन भर असफल रहता है।

जॉर्जिया मेलोनी के जीवन से हमें यह शिक्षा मिलती है कि निरंतर प्रयास कितना महत्वपूर्ण है। उन्होंने अपने जीवन में महान उपलब्धियाँ प्राप्त करने के लिए **लगभग 30 वर्षों** तक निरंतर राजनीतिक क्षेत्र में प्रयास किया। जब उन्होंने अपनी स्वयं की पार्टी से पहला चुनाव लड़ा, तब उनकी पार्टी को कोई उल्लेखनीय वोट नहीं मिले। फिर भी, उन्होंने हार नहीं मानी और दूसरी बार चुनाव लड़ा, लेकिन तब भी उन्हें उतने वोट नहीं मिले कि वह सरकार बना सकें। लेकिन जब तीसरी बार चुनाव लड़ा, तो उनकी पार्टी जीत गई और इटली की सबसे बड़ी राजनीतिक पार्टी बन गई। इसके साथ ही, जॉर्जिया मेलोनी इटली की पहली महिला प्रधानमंत्री बनीं।

यह सब रातों-रात नहीं हुआ; इसके पीछे उनके कई वर्षों से किए निरंतर प्रयास थे। जॉर्जिया मेलोनी ने अपनी असफलताओं को सफलता का आधार बनाया। चाहे आप किसी भी क्षेत्र में असफल हों, निरंतर प्रयास करने की आदत आपके जीवन में अंततः सफलता दिलाएगी। इसलिए जीवन में निरंतर प्रयास करते रहना चाहिए; कभी न कभी सफलता ज़रूर मिलेगी।

अपनी जिम्मेदारियां निभाओ

"जिम्मेदारियाँ इंसान को जीने का मकसद देती हैं।"
चाहे वह अपने परिवार को खुश रखने की जिम्मेदारी हो या अपने राष्ट्र के विकास की जिम्मेदारी, ये जिम्मेदारियाँ ही हैं जो हमें थकने के बावजूद काम करने की हिम्मत देती हैं और प्रेरित करती हैं। जॉर्जिया मेलोनी के जीवन से हमें यही सीख मिलती है कि किसी भी हालात में अपनी जिम्मेदारी निभाना हमारा कर्तव्य है।

उन्होंने कम उम्र से ही अपने परिवार की जिम्मेदारी उठानी शुरू कर दी थी। उनके परिवार की ज़रूरतों को समझते हुए उन्होंने अपने कर्तव्यों को पूरी लगन से निभाया, भले ही इसके लिए उन्हें नाइट बार में वेटर का काम क्यों न करना पड़ा। अपनी राष्ट्र प्रेम की भावना के चलते उन्होंने अपने राष्ट्र के विकास की जिम्मेदारी भी बखूबी निभाई। इसी कारण वह आज अपने देशवासियों के दिलों में बसी हुई हैं। जनता उस व्यक्ति को चुनना पसंद करती है जो अपने राष्ट्र की जिम्मेदारी निभाने के लिए हमेशा तत्पर रहता है।

अपनी जिम्मेदारियों का निर्वहन करने पर इंसान को आत्म-संतोष की प्राप्ति होती है। उसे गर्व होता है कि उसने हर परिस्थिति में अपनी जिम्मेदारियों को निभाने की पूरी कोशिश की। यही आत्म-संतोष व्यक्ति की खुशी की असली वजह बनती है। जॉर्जिया मेलोनी इसका एक बेहतरीन उदाहरण हैं। उन्होंने बचपन से ही एक संघर्षपूर्ण जीवन जिया। पिता के प्यार और आर्थिक सहारे की कमी के कारण उन्होंने बहुत कम उम्र में अपने घर की जिम्मेदारियाँ संभाल लीं। अपनी अकेली माँ और बहन का सहारा बनीं और अपनी जिम्मेदारियों को निभाया। आर्थिक जिम्मेदारी निभाने की उम्मीद सामान्यतः पुरुषों से की जाती है, जो सदियों से चली आ रही पूर्वधारणा और परंपरा है। लेकिन जॉर्जिया मेलोनी ने इस मिथक को भी तोड़ा। और साबित किया कि महिलाएँ भी अपने घर की आर्थिक स्थिति को बेहतर ढंग से संभाल सकती हैं।

"आज वह एक बेटी, माँ और राष्ट्र की जिम्मेदारी निभा रही हैं।" हर इंसान को अपनी जिम्मेदारियों को समझना और निभाना चाहिए। अपने परिवार और राष्ट्र के विकास की जिम्मेदारी को समझते हुए, जहाँ भी मौका मिले, अपने राष्ट्र के विकास के लिए तत्पर रहना चाहिए। असल में, आपके परिवार और राष्ट्र के विकास में ही आपका और आने वाली पीढ़ियों का विकास निहित है।

हर विपरीत परिस्थिति में सकारात्मक रहना

जीवन में परिस्थितियाँ चाहे कितनी भी बुरी क्यों न हों, लेकिन इंसान को उन परिस्थितियों में भी सकारात्मक और आशावादी दृष्टिकोण अपनाना चाहिए। **"सकारात्मक दृष्टिकोण बुरी परिस्थितियों में एक दवा का काम करता है"** और उन स्थितियों को सुधारने में मदद करता है। अपने दैनिक जीवन में हमेशा सकारात्मक और आशावादी दृष्टिकोण रखना चाहिए, लेकिन विशेष रूप से बुरी परिस्थितियों के समय यह और भी महत्वपूर्ण हो जाता है। परिणाम चाहे जो भी हो, आपको आशावादी और सकारात्मक दृष्टिकोण ही बनाए रखना चाहिए।

इस दृष्टिकोण के सहारे, आप कितनी भी बड़ी चुनौती या बुरी स्थिति का सामना करने में सक्षम महसूस करेंगे। जैसा कि हमने पहले भी उल्लेख किया है, सकारात्मक दृष्टिकोण इंसान को शारीरिक और मानसिक रूप से किसी भी चुनौती से लड़ने के लिए तैयार रखता है। इसके विपरीत, नकारात्मक दृष्टिकोण इंसान को अपनी असली क्षमताओं के साथ चुनौतियों का सामना करने के काबिल नहीं रखता। सकारात्मक सोच से इंसान को उत्साह और उमंग महसूस होती है, जिससे उसे बाहरी प्रोत्साहन की ज़रूरत नहीं होती। जबकि नकारात्मक दृष्टिकोण अपनाने से इंसान का शरीर बोझिल लगने लगता है और दिमाग काम करना बंद कर देता है।

जिंदगी का असली खेल सकारात्मकता और नकारात्मकता के इर्द-गिर्द घूमता है। इसलिए जीवन में सकारात्मक और आशावादी दृष्टिकोण अपनाने के हर संभव प्रयास किए जाने चाहिए। सकारात्मकता जीवन को सरल और सहज बना देती है। सकारात्मक सोच से इंसान खुद को आत्मविश्वास और उत्साह से भरा हुआ महसूस करता है और बुरी से बुरी स्थिति से भी बाहर निकलने के लिए हज़ारों रास्ते खोज लेता है। "सकारात्मक दृष्टिकोण इंसान को खुलकर सोचने और अपनी मानसिक क्षमताओं का पूर्ण रूप से उपयोग करने की अनुमति देता है। " जॉर्जिया मेलोनी ने भी अपने जीवन में सकारात्मक दृष्टिकोण को अपनाकर ऊँचाइयों तक पहुँचने में सफलता प्राप्त की। एक साधारण पृष्ठभूमि से उठकर असाधारण कार्य करना संभव हुआ, और यह सब सकारात्मकता दृष्टिकोण का ही परिणाम हैं।

सामाजिक रूप से जागरूक रहना

हम जिस समाज में रहते हैं, उसके प्रति जागरूक रहना चाहिए। एक सामाजिक रूप से जागरूक व्यक्ति समाज की प्रगति में योगदान देता है। प्रत्येक व्यक्ति को समाज के विकास में एक मूल्यवान योगदान देना चाहिए और समाज की स्थिति और दिशा को सकारात्मक दिशा की ओर मार्गदर्शन करना चाहिए। जॉर्जिया मेलोनी भी एक सामाजिक रूप से जागरूक व्यक्ति हैं और वह अपने समाज और राष्ट्र के विकास में सकारात्मक योगदान दे रही हैं।

राष्ट्र प्रेम की भावना

राजनीति को राष्ट्र प्रेम की भावना का प्रतीक माना जाता है क्योंकि राजनीति का असली उद्देश्य राष्ट्र का विकास करना और राष्ट्रहित को प्राथमिकता देना होता है। राष्ट्र प्रेम की भावना हर इंसान में होनी चाहिए, चाहे वह किसी भी क्षेत्र में कार्यरत हो।

लेकिन मुख्यतः राष्ट्र प्रेम की भावना रखने वाला इंसान अक्सर अपने करियर की दिशा राजनीति की ओर मोड़ता है। जॉर्जिया मेलोनी ने अपने करियर की शुरुआत राजनीति से की और विभिन्न समय में विभिन्न पदों पर रहकर अपने राष्ट्र के विकास में महत्वपूर्ण भूमिका निभाई। उनकी राष्ट्र प्रेम की भावना ने उन्हें राजनीतिक क्षेत्र में निरंतर आगे बढ़ने के लिए प्रेरित किया, जिसके परिणामस्वरूप वे आज शीर्ष नेतृत्व पर हैं।

उनके देश की जनता ने भी उनके राष्ट्र प्रेम और नेतृत्व पर विश्वास जताया है, इसी वजह से उन्होंने जॉर्जिया मेलोनी को अपने देश के शीर्ष नेतृत्व संभालने के योग्य समझा। यदि कोई इंसान किसी भी क्षेत्र में उल्लेखनीय उपलब्धि प्राप्त करता है, तो वह अपने राष्ट्र के विकास में योगदान दे रहा होता है।

इसलिए हर इंसान को अपने कार्य को बेहतर तरीक़े से करने की कोशिश करनी चाहिए, चाहे वह राजनीति, व्यवसाय, खेल, शिक्षा, या किसी भी अन्य क्षेत्र से संबंधित हो। सभी क्षेत्रों का विकास राष्ट्र के विकास से जुड़ा होता है। राष्ट्र प्रेम की भावना से प्रेरित होकर अपने क्षेत्र में निरंतर आगे बढ़ते हुए कामयाबी प्राप्त करना, राष्ट्र के विकास में बहुमूल्य योगदान देता है।

जॉर्जिया मेलोनी का उदाहरण इस बात को स्पष्ट करता है—उन्होंने राजनीतिक क्षेत्र में उल्लेखनीय उपलब्धि प्राप्त की और अपने देश का नेतृत्व करने की स्थिति में पहुँचीं। इससे वे अपने राष्ट्र के विकास के लिए निर्णायक निर्णय ले सकती हैं, नीतियाँ बना सकती हैं, और हर क्षेत्र में विकास कर सकती हैं। व्यावसायिक जगत में अग्रसर होने वाला व्यक्ति देश में रोजगार का सृजन करता है, जो राष्ट्र विकास का महत्वपूर्ण घटक है। इसी प्रकार अन्य क्षेत्रों में भी बेहतर कार्य करने वाले सभी व्यक्ति अपने राष्ट्र के विकास में अपना बहुमूल्य योगदान देते हैं।

मजबूत महिला नेतृत्व को बढ़ावा देना

मजबूत महिला नेतृत्व का बेहतरीन उदाहरण वर्तमान समय में जॉर्जिया मेलोनी हैं। सामान्यतः महिलाओं से अपेक्षा की जाती है कि वे राजनीति जैसे कार्यों में दक्ष नहीं हो सकतीं हैं । ये पुरुषों के काम माने जाते हैं। इसके साथ ही, महिलाओं से सामान्यतः नेतृत्वशील और साहसी कार्य करने की अपेक्षा कम ही की जाती है। समाज में महिलाओं का अर्थ सामान्यतः घर संभालने तक ही सीमित समझा जाता है। परंतु, जॉर्जिया मेलोनी ने इन सभी पूर्वधारणाओं को खंडित करते हुए एक मज़बूत महिला नेतृत्व का उदाहरण प्रस्तुत किया और यह साबित किया कि **"एक महिला बखूबी अपना घर और अपना देश दोनों ही संभाल सकती है।"**

उन्होंने राजनीति में अपनी क्षमता का प्रमाण देते हुए साबित किया कि महिलाओं को मौका मिले तो वे राजनीति ही नहीं, किसी भी क्षेत्र में सफलता प्राप्त कर सकती हैं। जॉर्जिया मेलोनी के जीवन से हमें यह प्रेरणा मिलती है कि महिलाओं को राजनीति, सैन्य, विज्ञान, और अन्य ऐसे क्षेत्रों में बढ़-चढ़ कर भाग लेना चाहिए, जिनमें पुरुषों का वर्चस्व है। महिलाओं की नेतृत्व क्षमता और साहस को मान्यता देकर हम एक समान और समावेशी समाज की दिशा में कदम बढ़ा सकते हैं।

पूर्वाग्रहों का खंडन

जॉर्जिया मेलोनी ने महिलाओं से संबंधित अनेक पूर्वाग्रहों का खंडन किया है और उनके जीवन की सफलता से यह सीख मिलती है कि महिलाओं से संबंधित पूर्वाग्रहों का पूर्णतः खंडन होना चाहिए। आज के समय में महिलाएँ विभिन्न क्षेत्रों में अपनी योग्यता को साबित कर रही हैं, फिर चाहे वह कोई भी क्षेत्र हो। महिलाओं में अपार क्षमताएँ होने के बावजूद, पितृसत्तात्मक

मानसिकता की वजह से विश्व की लगभग आधी आबादी होने के बावजूद महिलाओं का प्रतिनिधित्व पुरुषों की तुलना में काफ़ी कम है। यह एक दुर्भाग्यपूर्ण स्थिति है कि आज भी सदियों पुरानी मानसिकता से महिलाओं को देखा जाता है, और उन्हें पुरुषों से तुलनात्मक रूप से कम योग्य समझा जाता है। महिलाएँ बेहतर राजनीति कर सकती हैं, बेहतर नेतृत्व कर सकती हैं, साहसिक कार्यों को बखूबी कर सकती हैं। खेलकूद, साइंस एंड टेक्नोलॉजी, व्यवसाय, शिक्षा इत्यादि सभी क्षेत्रों में भी अपने राष्ट्र का नाम रोशन कर सकती हैं।

वर्तमान समय में महिलाएँ लगभग हर उस क्षेत्र में अपनी काबिलियत को साबित कर चुकी हैं, जिन पर एकमात्र पुरुषों का वर्चस्व समझा जाता था। लेकिन पितृसत्तात्मक मानसिकता के चलते, आज भी महिलाओं की योग्यता को कम सम्मान दिया जाता है। पितृसत्तात्मक मानसिकता, जो कि दिखती नहीं है, समाज में, लोगों के मन और विचारों में घर कर चुकी है। यह मानने को तैयार नहीं है कि महिलाओं को हर क्षेत्र में समान अवसर दिए जाने चाहिए, और यह उनका अधिकार है। यह मानसिकता 'ग्लास सीलिंग इफेक्ट' के तहत संपूर्ण महिला समुदाय को प्रभावित करती है। इसी वजह से महिलाएँ अपनी पूर्ण क्षमताओं के साथ अपने जीवन में कामयाबी हासिल नहीं कर पाती हैं।

बचपन से ही उनके मन-मस्तिष्क में यह बैठा दिया जाता है कि कुछ कार्य महिलाओं के लिए नहीं हैं, और इस मानसिकता के साथ जब वे बड़ी होती हैं तो खुद की योग्यताओं को भी नज़रअंदाज़ कर देती हैं। यदि जॉर्जिया मेलोनी अपने जीवन में ऐसे पूर्वाग्रहों का खंडन कर सकती हैं, तो हर महिला में भी यह क्षमता है कि वह ऐसे पूर्वाग्रहों का खंडन कर सकती है। विशेष रूप से महिलाओं को अपनी क्षमताओं से पितृसत्तात्मक मानसिकता को तोड़ने का कार्य करना चाहिए, क्योंकि इस प्रकार की मानसिकता से होने वाले अदृश्य नुकसान को उनसे बेहतर और कोई नहीं समझ सकता।

महिलाओं को राजनीति में बढ़ावा देना

मेलोनी के जीवन से हमें यह सीख मिलती है कि महिलाओं को राजनीति में अब भरपूर बढ़ावा दिया जाना चाहिए—परिवार, समाज और राष्ट्र द्वारा। अब वह समय आ गया है जब महिलाएँ भी राजनीतिक क्षेत्र में करियर बनाने का सपना देख सकती हैं। सामान्यतः हमने महिलाओं के मुँह से यह कम ही सुना है कि उनका सपना विधायक, सांसद, मंत्री, मुख्यमंत्री, या प्रधानमंत्री बनना है, या किसी भी राजनीतिक पद तक पहुँचना है। ऐसा सुनने को बहुत ही कम मिलता है कि कोई महिला राजनीतिक क्षेत्र में अपना करियर बनाने का सपना देखती हो।

लेकिन अब वक़्त धीरे-धीरे बदल रहा है। महिलाएँ भी राजनीति में कदम रख रही हैं और अपने आप को सफल राजनीतिज्ञ के रूप में स्थापित कर रही हैं। इसका उदाहरण जॉर्जिया मेलोनी हैं, जिन्होंने राजनीति के विभिन्न पदों पर काम किया—सांसद, मंत्री, पार्षद, विपक्ष की मुख्य नेता और प्रधानमंत्री। उन्होंने अपने जीवन में अपने स्वयं के राजनीतिक दल की भी स्थापना की और इस बात को साबित कर दिया कि महिलाएँ न सिर्फ़ राजनीति में करियर बना सकती हैं, बल्कि अपना राजनीतिक दल बना कर उसका सफल नेतृत्व भी कर सकती हैं और अपने राष्ट्र की सबसे बड़ी पार्टी का दर्जा भी दिलवा सकती हैं।

इसलिए, उनके जीवन से सीखते हुए, महिलाओं को अपने राष्ट्रों के विकास में योगदान देने के लिए राजनीति जैसे क्षेत्र में बढ़-चढ़कर भाग लेना चाहिए। हालाँकि आज विश्व के अनेक देशों में महिलाओं का राजनीति में योगदान सीमित है और जहाँ देखा भी जाता है, वहाँ भी पुरुषों की तुलना में अत्यधिक कम है। महिलाओं का राजनीति में आना उनके राष्ट्र की नीतियों को बेहतर बनाने में महत्वपूर्ण भूमिका निभा सकता है।

वर्तमान समय में महिलाएँ धीरे-धीरे राजनीतिक क्षेत्र में प्रगति कर रही हैं— मुख्यमंत्री, सांसद, प्रधानमंत्री जैसे पदों पर उनका उदय हो रहा है, लेकिन समानता अभी भी बहुत दूर है। असमानता को कम करने का एकमात्र रास्ता है कि महिलाओं को भी खुलकर अवसर दिए जाएँ।

संचार कौशल में सुधार करना

जॉर्जिया मेलोनी के कई इंटरव्यू देखने के बाद, उनके बेहतरीन वार्तालाप कौशल से बहुत कुछ सीखने को मिलता है। राजनीति हो या कोई भी अन्य क्षेत्र, "एक बेहतर कम्युनिकेशन स्किल एक सफल इंसान बनने के लिए अत्यंत आवश्यक है।" किसी को अपनी बात लोगों के सामने बेहतर तरीक़े से रखना आना चाहिए और दूसरों की बातों को भी अच्छे से सुनना और समझना आना चाहिए। यह स्किल सिर्फ़ राजनीतिक क्षेत्र में ही नहीं, बल्कि जीवन के हर क्षेत्र में इंसान को ऊँचाइयों तक ले जाने में महत्वपूर्ण भूमिका निभाती है।

इसीलिए, अपने वार्तालाप कौशल, अर्थात अपनी कम्युनिकेशन स्किल, को बेहतर बनाना चाहिए। जो भी व्यक्ति अपने आप को एक सफल इंसान के रूप में स्थापित करने का सपना देखता है, उसे अपनी कम्युनिकेशन स्किल पर काम करना चाहिए। यदि किसी इंसान की कम्युनिकेशन स्किल बेहतर हो, तो बिगड़ा हुआ काम भी बन सकता है। वहीं, यदि किसी इंसान की कम्युनिकेशन स्किल अच्छी नहीं हो, तो बना हुआ काम भी बिगड़ सकता है। अपनी कम्युनिकेशन स्किल की वजह से ही जॉर्जिया मेलोनी ने अपने राजनीतिक करियर को इतनी ऊँचाइयों तक ले जाने में सफलता प्राप्त की और इसी कारण वह अपने देशवासियों के दिलों पर राज करती हैं। उन्हें अपनी बात लोगों के सामने समझाने और रखने का एक बेहतरीन तरीक़ा आता है, जो एक सफल इंसान की विशेषता है। कम्युनिकेशन स्किल का संबंध भावनाओं से जुड़ा होता हैं।

जो इंसान बेहतर कम्युनिकेशन स्किल जानता है, वह यह भी समझता है कि कौन से भाव और इमोशंस को कहाँ ज़ाहिर करना है। और जो इंसान भावनात्मक रूप से मज़बूत और समझदार होता है, वह आसानी से दूसरों के बीच अपनी जगह बनाने में सफल हो जाता है। क्योंकि वह दूसरों की भावनाओं को समझ सकता है और उनका सम्मान भी करता है। जॉर्जिया मेलोनी की कम्युनिकेशन स्किल को कई स्थानों पर देखा गया है, जैसे कि जी-20 सम्मेलन, जी-7 समिट और उनके राजनीतिक भाषणों में। उनका बात करने का तरीक़ा अलग और अनोखा है। उनके पास अपनी बात लोगों के सामने बेहतर तरीक़ से कहने की कला है और अपनी वार्तालाप कौशल से जनता में विश्वास कायम रखने की कला भी है। जिनके पास बेहतर कम्युनिकेशन स्किल होती है, वे दूसरों का भरोसा भी जीत सकते हैं।

नेतृत्व कौशल

जॉर्जिया मेलोनी का नेतृत्व कौशल बेहतरीन है। मज़बूत महिला नेतृत्व को उनसे प्रेरणा मिलती ही है, किंतु उनके नेतृत्व कौशल संपूर्ण विश्व के लिए प्रेरणा स्रोत हैं। एक सफल इंसान के अंदर बेहतर नेतृत्व कौशल होना बहुत ज़रूरी है। एक बेहतर नेतृत्वकर्ता की वजह से संपूर्ण टीम के अंदर आत्मविश्वास बना रहता है। जब नेतृत्वकर्ता साहसी, आत्मविश्वास और मेहनती होता है, तो उसकी टीम भी मज़बूत महसूस करती है। वहीं, यदि किसी टीम के अंदर बहुत ही योग्य लोग हों लेकिन उनका नेतृत्वकर्ता अच्छा न हो, तो उनकी योग्यता कहीं काम नहीं आती। इसके विपरीत, अगर टीम कमज़ोर हो लेकिन एक बेहतरीन नेतृत्वकर्ता हो, तो वह अपने नेतृत्व कौशल से संपूर्ण टीम को संभाल लेता है।

इतिहास में ऐसे नेतृत्वकर्ताओं की कई कहानियाँ हैं, जिनमें नेपोलियन बोनापार्ट की कहानी बसे बेहतरीन उदाहरण है। उनके जीवन की एक प्रेरक नेतृत्व कौशल की कहानी इस प्रकार है-

नेपोलियन बोनापार्ट को एक जंग लड़ने के लिए आल्प्स पर्वत पार करना था। नेपोलियन की सेना ने सुना था कि कोई भी व्यक्ति इस ऊँचाई को पार नहीं कर सका और जो भी पार करने गया, वह कभी भी ज़िंदा वापस नहीं आया। जब नेपोलियन अपनी सेना के साथ युद्ध के लिए निकल रहा था, तब उसे एक बुज़ुर्ग महिला मिली, जिसने उसे सलाह दी कि वह अपनी सेना के साथ वापस चला जाए और चेतावनी दी कि अन्यथा वह और उसकी सेना आल्प्स पर्वत पार करते हुए मर जाएगी, क्योंकि आज तक वहाँ से कोई भी ज़िंदा वापस नहीं लौटा।

नेपोलियन की सेना घबरा गई, किंतु नेपोलियन बिल्कुल भी नहीं डरा। उसने अपने गले से हीरो का हार निकालकर उस बुज़ुर्ग महिला को देते हुए धन्यवाद कहा और कहा, **"मुश्किलें मेरा हौसला बढ़ाती हैं, और मेरा हौसला बढ़ाने के लिए आपका धन्यवाद।"** उसने कहा, "यदि मैं पर्वत पार करके वापस आ गया तो आप लोगों को ज़रूर बताना।" नेपोलियन का आत्मविश्वास देखकर महिला ने कहा कि तुम ज़रूर लौटोगे।

हालाँकि सेना ने पर्वत पार करने से मना कर दिया, तब नेपोलियन ने सेना को अपने पास बुलाया और पूछा, "क्या तुम लोगों ने कभी आल्प्स पर्वत को देखा है?" सभी ने जवाब दिया नहीं। तब नेपोलियन ने कहा, "तुम सब मेरे साथ आगे बढ़ोगे। जब आल्प्स पर्वत आएंगे, तब मैं तुम्हें बता दूँगा, फिर तुम फैसला कर लेना कि तुम्हें मेरे साथ आगे बढ़ना है या नहीं।" सेना इस बात पर राज़ी हो गई और नेपोलियन के साथ आगे बढ़ गई। दो-तीन दिन चलने के बाद, नेपोलियन की सेना ऊँचे पर्वत पर पहुँची। उसे देखकर सैनिकों ने नेपोलियन से पूछा, "क्या यही आल्प्स पर्वत है?" नेपोलियन ने जवाब दिया, "नहीं, यह वह पर्वत नहीं है। इस छोटे से पर्वत को पार करने के बाद, इससे डेढ़-दो गुना ज़्यादा बड़ा पर्वत आएगा, वही आल्प्स पर्वत है।"

"यह सुनकर सेना आगे बढ़ गई। पर्वत पार करने के बाद मैदानी इलाके में पहुँचने पर, सैनिकों ने फिर पूछा, "आल्प्स पर्वत और कितनी दूर है?" नेपोलियन बोनापार्ट हँस कर बोले, "वह तो हमने कब का पार कर लिया है। नेपोलियन की इस बात ने सेना का हौसला और बढ़ा दिया और अंततः नेपोलियन ने उस जंग को जीत लिया।

छोटे कद के बावजूद भी नेपोलियन ने अपने आत्मविश्वास और हौसले की वजह से कई युद्ध जीते और "एक आम सिपाही से फ्रांस का महान सम्राट" बन सके। नेपोलियन के जीवन की इस कहानी से हमें यह सीखने को मिलता है कि अगर नेपोलियन खुद डर जाता तो वह आल्प्स पर्वत पार नहीं कर पाता। लेकिन नेपोलियन के न डरने की वजह से अपनी सेना को संभाला और इतिहास रच डाला।

वर्तमान समय में जॉर्जिया मेलोनी के जीवन की कहानी भी प्रेरणादायक है, क्योंकि उनसे पहले उनके देश में किसी महिला ने राजनीतिक क्षेत्र में इतनी बड़ी सफलता हासिल नहीं की, न ही किसी महिला ने अपना राजनीतिक संगठन बनाया, और न ही किसी महिला ने प्रधानमंत्री बन पाने का उदाहरण पेश किया। इसलिए कहा जा सकता है कि जॉर्जिया मेलोनी बेहतरीन नेतृत्व कौशल की धनी हैं।

<u>“किसी भी नए क्षेत्र में कामयाबी हासिल करने वाला पहला इंसान ही रास्ता बनाता है, उसके बाद आने वाले तो केवल उस रास्ते का अनुसरण करते हैं। क्योंकि उन्हें उस डर का सामना नहीं करना पड़ता, कि जो आज तक नहीं हुआ क्या मैं वह कर पाऊँगा/पाऊँगी।”</u>

जीवन में बड़े निर्णय लेने से न डरें

सफलता का दूसरा नाम है रिस्क (जोखिम) लेना। जिस इंसान ने अपने जीवन में रिस्क लेने का साहस नहीं दिखाया, उस इंसान ने अपने जीवन बहुत बड़ी उपलब्धि हासिल नहीं की है। इसलिए जीवन में बड़े निर्णय लेने से, रिस्क लेने से नहीं घबराना चाहिए। ज़्यादा से ज़्यादा क्या होगा—हार जाओगे।...... "रिस्क लेने वाला इंसान हारने के बाद भी जीवन में उस इंसान से हमेशा आगे रहता है जिसने कभी भी रिस्क नहीं लिया।" रिस्क लेने पर यदि आप सफल नहीं भी हुए, तब भी आप एक बहुत बड़े अनुभवी बन जाते हैं, और वह अनुभव बाद में आपको जीवन में सफलता दिलाएगा।

ज़िंदगी में किसी क्षेत्र विशेष में सफलता प्राप्त करना सफलता नहीं है; बल्कि, जीवन में अंततः सफल होना असली सफलता है। इसलिए किसी भी क्षेत्र विशेष में हार को अपनी ज़िंदगी की हार समझने की गलती कभी भी नहीं करनी चाहिए। किसी भी क्षेत्र विशेष में इंसान की रुचि होना या उसमें कामयाबी प्राप्त करने की इच्छा होना इंसान के जीवन का एक हिस्सा हो सकता है, संपूर्ण जीवन नहीं। इसलिए जीवन में रिस्क लेने का साहस दिखाना चाहिए। किसी भी इंसान की सफलता की कहानी में एक सबसे बड़ा टर्निंग पॉइंट यही होता है कि वह पहले रिस्क लेने से डरता है, और जब वह रिस्क लेने का साहस और हौसला अपने अंदर ला पाता है, तभी वह जीवन में एक महान उपलब्धि हासिल करने में कामयाब होता है। "99.99% लोग जीवन में रिस्क लेने से डरते हैं, इसीलिए 1% लोग ही जीवन में बड़ी सफलता प्राप्त कर पाते हैं।"

क्योंकि एक प्रतिशत लोग ही जीवन में रिस्क लेने का साहस दिखा पाते हैं और अंततः अपने जीवन में सफलता प्राप्त करते हैं। जोखिम लेने का साहस हर कोई नहीं दिखा पाता, लेकिन जो इंसान अपने अंदर रिस्क लेने का साहस दिखा पाता है, वह अपने जीवन में अंततः ज़रूर कामयाब होता है। इसलिए जीवन में रिस्क लो।...... "यदि कोई राजा का बेटा राजा बनता है, तो यह कोई बहुत बड़ी

बात नहीं होती है। लेकिन जब कोई सामान्य इंसान सम्राट बनने तक का सफ़र तय करता है, तो यह बहुत बड़ी बात होती है और एक इतिहास बनता है, जिसे युगों-युगों तक प्रेरणा स्रोत के रूप में देखा जाता है।"

जॉर्जिया मेलोनी भी अपने जीवन में रिस्क लेने से कभी नहीं डरीं। इसी वजह से राजनीति, जिसे सामान्यतः पुरुषों का खेल समझा जाता है, में अपने बेहतरीन करियर को बनाने में सफलता प्राप्त की और आज उनकी सफलता संपूर्ण विश्व के लिए एक प्रेरणा स्रोत बन पाई। क्योंकि सामान्य पृष्ठभूमि होने के बावजूद वह अपने आप को इतना काबिल बनाने में सफल रही हैं। यही उनकी सफलता की सबसे बड़ी सीख है, जिससे लोग प्रेरित होते हैं कि यदि आप सामान्य पृष्ठभूमि से भी हों लेकिन आप जीवन में रिस्क लेने से नहीं डरते और आपके हौसले बुलंद हैं, तो आपको कोई भी कामयाब होने से नहीं रोक सकता।

हारने से कभी मत डरो

हार और जीत जीवन के अनिवार्य हिस्से हैं। जीवन का असली आनंद अनुभवों में है, अर्थात मंज़िल की फ़िक्र किए बिना रास्तों का आनंद लिया जाए। जन्म से लेकर मृत्यु तक कोई भी इंसान की अंतिम मंज़िल नहीं हो सकती है। इसलिए जीवन का असली मकसद सीखते रहना और जीवन में आगे बढ़ते रहना होना चाहिए, न कि किसी एक बिंदु को ही संपूर्ण जीवन समर्पित कर देना या जीवन की एक हार या जीत को अंतिम हार या जीत को अंतिम हार या जीत मान लेना चाहिए। असफलता ही सफलता का आधार बनती है। इसलिए जीवन में असफलता का भी उतना ही महत्व है जितना सफलता का। इसी वजह से असफलता को कभी भी बुरी नज़र से नहीं देखना चाहिए, बल्कि उसे एक जीवन का बेहतरीन अनुभव और सीख के रूप में देखना चाहिए।

यदि आप इस नज़र से देखेंगे, तो आप एक बार असफल होने के बाद भी जीवन में सफल ज़रूर रहेंगे। असफलता जीवन की सबसे बड़ी सीख होती है। "**असफलता इंसान को वह सिखा देती है जो सफलता भी नहीं सिखा पाती है।**" असफलताएँ वास्तव में जीवन का प्रयोग होती हैं, जो आपकी वास्तविक ग़लतियों को सामने लाती है।

आपको बस उन ग़लतियों पर ध्यान देकर उन्हें सुधारने का काम करना होता है। असफलताएँ हर सफल इंसान के जीवन में आई हैं, इसलिए वे आपके जीवन में भी आएंगी। उनसे घबराने की बजाय, हार मानने की बजाय, उनसे सीखते हुए जीवन में आगे बढ़ना ही एक उचित विकल्प है। जॉर्जिया मेलोनी ने अपना स्वयं का राजनीतिक संगठन बनाने के बाद, 2013 में चुनाव लड़ा, लेकिन उनका कोई भी उल्लेखनीय प्रदर्शन नहीं था, अर्थात उन्होंने सफलता प्राप्त नहीं की।

किंतु उन्होंने हार नहीं मानी और 5 साल के धैर्य के बाद 2018 के चुनाव में फिर से मैदान में उतरीं। उस वक़्त भी वह लगभग 5% वोट प्राप्त कर पाईं, अर्थात अपनी सरकार नहीं बना पाईं। तब भी उन्होंने हार नहीं मानी, और 2022 के चुनाव में अंततः उनकी पार्टी अपने देश की सबसे बड़ी पार्टी बनी और वह अपने देश की पहली महिला प्रधानमंत्री बनीं। इससे हम यह समझ सकते हैं कि चाहे समय कितना भी क्यों न लगे, आपको हार नहीं माननी चाहिए। यदि आप निरंतर प्रयास कर रहे हैं और अपनी असफलताओं से सीख रहे हैं, तो आप जीवन में सफल ज़रूर रहेंगे।

अपने फील्ड के हीरो बनो

एक कहावत है, "मंजिल नहीं, रास्ते बदलो।" इसलिए जीवन में जिस क्षेत्र में अपना करियर बनाने का सोच लिया है, उस फील्ड में अपने आप को हीरो बनाओ।

अपने फ़ील्ड की हर एक बारीक जानकारी तुम्हें पता होनी चाहिए। अपने फ़ील्ड के सबसे बड़े जानकार और अनुभवी बनो। बार-बार अपना फ़ील्ड बदलने की बजाय एक फ़ील्ड को चुनो और उसमें अपनी पूरी मेहनत लगा दो ताकि तुम उस फ़ील्ड के हीरो बन सको। जॉर्जिया मेलोनी को प्रधानमंत्री के पद तक पहुँचने के लिए 30 वर्षों का लंबा संघर्ष करना पड़ा। लेकिन उन्होंने अपना फ़ील्ड नहीं बदला। वह अपने फ़ील्ड में टिकी रहीं, भले ही उन्हें कितनी बार हार का सामना करना पड़ा।

उन्होंने बार-बार खुद को खड़ा किया, अपने हौसलों को बुलंद किया और फिर से लड़ीं। आज वह अपने देश में ही नहीं, बल्कि संपूर्ण विश्व में एक उत्कृष्ट राजनीतिज्ञ के रूप में जानी जाती हैं। यह साबित करता है कि वह अपने फ़ील्ड की 'हीरो' हैं।

आत्म-निर्भरता और आत्म-सम्मान

जॉर्जिया मेलोनी का जीवन आत्म-निर्भरता का उत्कृष्ट उदाहरण है।......."आत्मनिर्भरता आत्म सम्मान और आत्म विश्वास को बढ़ावा देती है।" उन्होंने बहुत कम उम्र में यह समझ लिया था कि जीवन में कुछ भी प्राप्त करना है तो आत्म-निर्भर होना पड़ेगा। राजनीति के क्षेत्र में वे केवल 15 साल की उम्र में सक्रिय हो गई थीं। यह उम्र आमतौर पर आत्म-खोज और असमंजस की होती है, किंतु उन्होंने इस समय में अपने जीवन के उद्देश्य का निर्माण किया। आत्म-निर्भरता सभी के लिए महत्वपूर्ण है। महिलाओं के लिए यह संदेश और भी गहरा है, क्योंकि सामाजिक संरचनाओं में अक्सर महिलाओं को पुरुषों पर निर्भर रहने के लिए प्रेरित किया जाता है। मेलोनी का जीवन इस सोच का विरोध करता है।

आदर्श और मूल्य आधारित राजनीति

मेलोनी का राजनीतिक जीवन आदर्शों और मूल्यों पर आधारित है। उन्होंने हमेशा अपनी राजनीति को एक विशेष वैचारिक आधार पर रखा है। उनके जीवन में इनका एक प्रमुख स्थान है। वे पारंपरिक इतालवी मूल्यों, संस्कृति और धर्म का समर्थन करती हैं, और उनका मानना है कि किसी भी देश की पहचान उसकी सांस्कृतिक जड़ों से होती है। उनके जीवन से यह प्रेरणा मिलती है कि राजनीति में भी मूल्यों और आदर्शों का होना ज़रूरी है। केवल सत्ता पाने के लिए राजनीति नहीं की जानी चाहिए, बल्कि समाज के कल्याण और विकास के लिए राजनीति को एक मिशन के रूप में देखा जाना चाहिए। आदर्शों और मूल्यों के बिना राजनीति किसी भी राष्ट्र के हित में नहीं है, इस प्रकार की राजनीति से एक न एक दिन राष्ट्र का विनाश निश्चित है।"

राष्ट्रीय पहचान और गर्व

मेलोनी अपने देश और उसकी संस्कृति के प्रति गहरा लगाव और सम्मान रखती हैं। उनके भाषणों और नीतियों में यह स्पष्ट झलकता है कि वे इटली की राष्ट्रीय पहचान को सुरक्षित रखना चाहती हैं। उन्होंने हमेशा इटली की परंपराओं और संस्कृति को प्रोत्साहित किया है, और उनकी प्राथमिकता है कि उनके देश की विशिष्ट पहचान अंतर्राष्ट्रीय स्तर पर भी मान्य हो। इससे हमें यह सीखने को मिलता है कि अपनी जड़ों और राष्ट्रीय पहचान पर गर्व होना चाहिए। चाहे हम जिस भी देश से हों, उसकी सांस्कृतिक धरोहर और इतिहास को समझना और संरक्षित करना हमारा कर्तव्य है।

महिला सशक्तीकरण के प्रति प्रतिबद्धता

जॉर्जिया मेलोनी ने स्वयं महिला सशक्तिकरण का एक बेहतरीन उदाहरण संपूर्ण विश्व के सामने पेश किया। उन्होंने अपने राजनीतिक जीवन में महिलाओं के सशक्तिकरण पर भी विशेष ध्यान दिया है।

वे न केवल एक महिला नेता के रूप में उभरी हैं, बल्कि उन्होंने महिलाओं की समस्याओं और उनके अधिकारों के लिए भी आवाज़ उठाई।

उनका मानना है कि समाज की प्रगति के लिए महिलाओं का सशक्तिकरण आवश्यक है। उनका यह दृष्टिकोण हमें यह प्रेरणा देता है कि महिलाओं को समाज में समान अधिकार, अवसर और दृष्टिकोण मिलना चाहिए। महिलाओं के सशक्तिकरण से समाज की समग्र प्रगति होती है, और यह ज़रूरी है कि हर कोई इस दिशा में प्रयास करे।

जॉर्जिया मेलोनी का जीवन हमें यह सिखाता है कि व्यक्तिगत संघर्ष, धैर्य, आत्मनिर्भरता, और नेतृत्व की शक्ति से कोई भी व्यक्ति बड़े लक्ष्य प्राप्त कर सकता है। उनकी जीवन कहानी महिलाओं के लिए एक प्रेरणा है, खासकर उन लोगों के लिए जो राजनीति या नेतृत्व के क्षेत्र में कदम रखना चाहती हैं। उनके जीवन से हमें यह सीखने को मिलता है कि किसी भी कठिन परिस्थिति में हार नहीं माननी चाहिए, और समाज में सकारात्मक बदलाव लाने के लिए हमेशा प्रयासरत रहना चाहिए।

उभरती हुई वैश्विक नेता

जॉर्जिया मेलोनी अपने देश की प्रथम महिला प्रधानमंत्री बनने के साथ ही बहुत कम समय में एक वैश्विक नेता भी बन गई हैं। उनकी लोकप्रियता वैश्विक स्तर पर दिन-ब-दिन बढ़ती जा रही है। न केवल यूरोप में, बल्कि संपूर्ण विश्व में वह चर्चा का विषय बनी हुई हैं। उनके व्यक्तित्व से यह अंदाज़ा लगाना आसान है कि वे अपने जीवन में और भी कई कीर्तिमान स्थापित करेंगी। जैसा कि हमने पहले भी ज़िक्र किया, **"वैश्विक नेताओं की सूची में जॉर्जिया मेलोनी शीर्ष छठवें स्थान पर आती हैं।"**

वैश्विक स्तर पर किसी नेता का इतने कम समय में पहचान बनाना अपने आप में एक विशिष्ट उपलब्धि है। लेकिन अपनी बेहतरीन संचार कौशल, नेतृत्व क्षमता, और कार्यशैली की बदौलत ही उन्होंने अपने आप को एक वैश्विक नेता के रूप में स्थापित किया है। एक वैश्विक नेता से संपूर्ण विश्व को बहुत उम्मीदें होती हैं, क्योंकि एक वैश्विक नेता संपूर्ण विश्व के अन्य नेताओं के लिए रोल मॉडल होता है। उसकी कार्यशैली और निर्णय कहीं न कहीं पूरे विश्व को प्रभावित करते हैं।

जॉर्जिया मेलोनी की कार्यशैली की बात करें तो, उनकी बेहतरीन कार्यशैली के कारण ही आज वे दुनिया भर के पसंदीदा नेताओं में अपनी जगह बना पाई हैं। एक वैश्विक नेता के रूप में उन्होंने कुछ वैश्विक मुद्दों पर संपूर्ण विश्व को एकजुट होकर लड़ने का आग्रह किया है, जिसमें आतंकवाद, महामारी, और पर्यावरण जैसे मुद्दे शामिल हैं। वर्तमान समय में ये कुछ ऐसे मुद्दे हैं, जो संपूर्ण विश्व को आर्थिक, सामाजिक और राजनीतिक रूप से प्रभावित कर रहे हैं। इनसे निपटने के लिए संपूर्ण विश्व को एकजुट होने की आवश्यकता है।

इसी तरह से सहयोगात्मक प्रयास करके वैश्विक नेता विश्व कल्याण में एक प्रमुख भूमिका निभाते हैं। वैश्विक नेता अगली पीढ़ी के नेताओं के लिए प्रेरणा स्रोत होते हैं। वे अंतर्राष्ट्रीय परिदृश्य में विशेष विशेषज्ञता के साथ काम करते हैं। वैश्विक नेताओं में सांस्कृतिक संवेदनशीलता देखने को मिलती है, अर्थात वे अन्य देशों की संस्कृतियों का सम्मान करते हैं। वे दुनिया भर में व्यवसायों, समुदायों, और संस्कृतियों के विकास को बढ़ावा देने के लिए तत्पर रहते हैं। एक वैश्विक नेता संपूर्ण विश्व के साथ समन्वय बनाते हुए आगे बढ़ने की नीति का समर्थक होता है।

दुनिया भर के नेताओं में बहुत कम ऐसे नेता होते हैं जिन्होंने अपनी एक वैश्विक स्तर पर पहचान बनाने में सफलता प्राप्त की हो, क्योंकि यह पहचान कुछ विशिष्ट योग्यताओं की मांग करती है। इसे हम महान अमेरिकी राजनेता और अमेरिका के दूसरे राष्ट्रपति के द्वारा कहे एक वाक्य से समझने की कोशिश करते हैं:-

"यदि आपके कार्य दूसरों को अधिक सपने देखने, अधिक सीखने, अधिक कार्य करने और अधिक बनने के लिए प्रेरित करते हैं, तो आप एक नेता हैं।" ('जॉन क्विंसी एडम्स')

जैसा कि इन पंक्तियों को पढ़कर समझा जा सकता है कि यदि किसी इंसान के कार्य दूसरों को प्रेरित करते हैं, उन्हें पहले से अधिक कार्य करने, आगे बढ़ने और सपने देखने के लिए प्रोत्साहित करते हैं, तो वह निश्चित तौर पर एक अच्छा नेता होता है, जो अपनी सकारात्मक पहचान अपने क्षेत्र, अपने राष्ट्र और संपूर्ण विश्व में बनाने में कामयाब रहता है। इन्हीं खूबियों की वजह से आज वैश्विक राजनीति के गलियारों में जॉर्जिया मेलोनी का नाम गूंज रहा है। वह एक प्रमुख यूरोपीय नेता के रूप में यूरोपीय संघ और इटली के बीच संबंधों को आकार देने में महत्वपूर्ण भूमिका निभा रही हैं। वह एक मजबूत और स्वतंत्र यूरोप की वकालत करती हैं और अपने देश के हितों की

रक्षा के लिए हमेशा खड़ी रहती हैं। इसके साथ ही वह एक महिला नेता के रूप में वैश्विक मंच पर एक महत्वपूर्ण उपस्थिति दर्ज करा रही हैं, जिसकी वजह से वह **'एक रोल मॉडल'** की भूमिका में हैं। मेलोनी की सफलता ने दक्षिणपंथी राजनीति के उदय को दर्शाया है, जो यूरोप और दुनिया भर में एक महत्वपूर्ण रुझान है। कुछ महत्वपूर्ण अंतर्राष्ट्रीय मुद्दों पर जॉर्जिया मेलोनी का दृष्टिकोण कुछ इस प्रकार है:

आतंकवाद

जॉर्जिया मेलोनी का आतंकवाद पर दृष्टिकोण अत्यधिक सख्त और सुरक्षा-केंद्रित है। वह आतंकवाद को संपूर्ण विश्व के लिए एक गंभीर खतरा मानती हैं और इसके खिलाफ मजबूत कार्रवाई की वकालत करती हैं। उनके अनुसार, आतंकवाद के खिलाफ लड़ाई में अंतर्राष्ट्रीय सहयोग और एकता अत्यंत आवश्यक है। उनका मानना है कि सुरक्षा को सर्वोच्च प्राथमिकता देनी चाहिए और आतंकवाद के खिलाफ लड़ाई में सुरक्षा बलों को मजबूत बनाना चाहिए, और इसी के साथ सीमा नियंत्रण को मजबूत करना आवश्यक है ताकि आतंकवादी गतिविधियों को रोका जा सके और आतंकवाद के वित्तपोषण को नियंत्रित किया जा सके। इसके लिए वित्तीय निगरानी और प्रतिबंधों का उपयोग करना चाहिए। उनका यह भी मानना है कि आतंकवाद से पीड़ितों को समर्थन देना चाहिए और उनके अधिकारों की रक्षा की जानी चाहिए।

पर्यावरण

जॉर्जिया मेलोनी का पर्यावरण को लेकर दृष्टिकोण बहुस्तरीय है। वह पर्यावरण संरक्षण के महत्व को स्वीकार करती हैं, लेकिन साथ ही आर्थिक विकास और रोजगार की जरूरतों को भी उतना ही महत्व देती हैं। वह जलवायु परिवर्तन को एक गंभीर समस्या मानती हैं और इसके खिलाफ

लड़ने के लिए अंतर्राष्ट्रीय सहयोग का समर्थन करती हैं। ऊर्जा नीति के बारे में उनका विचार है कि ऊर्जा नीति में विविधता और स्वतंत्रता होनी चाहिए, जिसमें पारंपरिक और अक्षय ऊर्जा स्रोतों का संतुलन हो। वह पर्यावरण संरक्षण के महत्व को स्वीकार करती हैं और इसके लिए कानूनी और नीतिगत उपायों की वकालत करती हैं। उनके विचारों के अनुसार, पर्यावरण संरक्षण और आर्थिक विकास एक-दूसरे के विरोधी नहीं हैं, बल्कि एक-दूसरे के पूरक हैं, और इन दोनों को साथ लेकर ही आगे बढ़ना चाहिए।

महामारी

उनका महामारी के बारे में दृष्टिकोण संतुलित और व्यावहारिक है। उनका ऐसा मानना है कि स्वास्थ्य सुरक्षा सर्वोच्च प्राथमिकता होनी चाहिए और महामारी के खिलाफ लड़ाई में स्वास्थ्य सेवाओं को मजबूत बनाना चाहिए। वह वैक्सीनेशन को महामारी के खिलाफ लड़ाई में एक महत्वपूर्ण हथियार मानती हैं, और महामारी के कारण प्रभावित हुए व्यवसायों और व्यक्तियों को आर्थिक सहायता प्रदान की जानी चाहिए। महामारी के खिलाफ लड़ाई में अंतर्राष्ट्रीय सहयोग आवश्यक है, और सभी देशों को एक साथ मिलकर काम करना चाहिए।

रूस-यूक्रेन युद्ध पर जॉर्जिया मेलोनी के विचार

अपने राष्ट्रीय हितों के तहत जॉर्जिया मेलोनी निस्संदेह यूक्रेन के साथ हैं। इटली, यूक्रेन की आत्मरक्षा के लिए उन्हें हथियार भी सप्लाई करता है। किंतु मेलोनी वैश्विक शांति स्थापित करने के पक्ष में हैं और इसके लिए उन्होंने प्रमुख आर्थिक शक्तियां जैसे- भारत, चीन जैसे देशों से आग्रह किया है कि वह मध्यस्थता के तहत युद्ध विराम पर कोई समाधान निकालने में अहम भूमिका निभा सकते हैं, और उन्हें ऐसा करना चाहिए।

अच्छे नेता के गुण

वर्तमान समय में, अधिकांश देश लोकतांत्रिक शासन प्रणाली का समर्थन करते हैं। इस प्रणाली में, जनता अपने लिए एक प्रतिनिधि को चुनती है, और इस प्रकार के शासन में जनता ही असली शक्ति होती है। जनता उस प्रतिनिधि को चुनना पसंद करती है जो उनके हित में कार्य करे। राजनीति एक ऐसा क्षेत्र है जहाँ किसी भी व्यक्ति को सफलता प्राप्त करने के लिए खुद को एक बेहतर और सक्षम नेता के रूप में स्थापित करने की आवश्यकता होती है। अच्छे नेता के कई गुण होते हैं, जो उन्हें एक प्रभावी और सशक्त नेतृत्वकर्ता बनाते हैं। इन गुणों के आधार पर वे न केवल अपने संगठन, समाज या देश का मार्गदर्शन करते हैं, बल्कि लोगों के जीवन में सकारात्मक बदलाव लाने की क्षमता भी रखते हैं। एक अच्छे नेता में निम्नलिखित गुण होने चाहिए -

दूरदर्शिता

दूरदर्शिता एक अच्छे नेता का महत्वपूर्ण गुण है। इसका तात्पर्य है कि नेता में भविष्योन्मुखी दृष्टिकोण रखने का कौशल है। एक दूरदर्शी नेता अपनी टीम के भविष्य की व्यापक छवि बना सकता है और भविष्य की संभावनाओं को ध्यान में रखकर काम करता है। वह दीर्घकालिक विचारों को ध्यान में रखते हुए सामूहिक कार्रवाई और निर्णय लेता है। दूरदर्शी व्यक्ति वर्तमान समय में किसी निर्णय को केवल वर्तमान परिप्रेक्ष्य से नहीं, बल्कि भविष्य की संभावनाओं को ध्यान में रखते हुए लेता है। वह निर्णय लेने में जल्दबाजी नहीं करता है ताकि भविष्य में किसी प्रकार का पश्चाताप न हो। राजनीति जैसे क्षेत्र में सफलता पाने के लिए लंबी अवधि की सोच और व्यापक दृष्टिकोण की आवश्यकता होती है।

इसलिए एक नेता को दूरदर्शिता के साथ सोच-विचार करने और निर्णय लेने की अत्यंत आवश्यकता होती है, जिससे वह अपने आप को एक अच्छा नेता बना सके। एक अच्छा नेता अपने लक्ष्य को स्पष्ट रूप से देखता है और उस दिशा में कदम उठाने की योजना बनाता है। उन्हें यह समझ होती है कि भविष्य में किस दिशा में जाना है और कौन से कदम किसी लक्ष्य को प्राप्त करने में मदद करेंगे। वे लोगों को एक सकारात्मक दृष्टिकोण देने में सक्षम होते हैं, जिससे उन्हें सही दिशा में मार्गदर्शन मिल सके।

लचीलापन

प्रतिकूलता, तनाव, आघात, त्रासदी इत्यादि अप्रत्याशित घटनाओं के बाद खुद को अच्छी तरह से अनुकूलित करने और जल्दी से ठीक होने की क्षमता ही लचीलापन का गुण है। एक अच्छा नेता आवश्यकतानुसार लचीला और चुस्त भी होना चाहिए। भविष्य की योजनाएं बनाना इंसान के हाथ में है, लेकिन भविष्य में आने वाली अप्रत्याशित बाधाओं को रोकना संभव नहीं होता। और न ही कोई पूर्वकल्पना की जा सकती है। "जीवन में अप्रत्याशित बाधाओं और चुनौतियों का सामना करना एक वास्तविकता है।" जब किसी प्रकार की अप्रत्याशित बाधा सामने आए, तब रुकना, पुनर्मूल्यांकन करना और नया रास्ता अपनाने के लिए तैयार रहना जरूरी है। एक नेता की कठोरता पूरी टीम के लिए हताशा का कारण बन सकती है और ऐसी सोच टीम के सदस्यों को हतोत्साहित कर सकती है।

एक नेता जो स्वयं बदलाव के लिए तैयार रहता है और वातावरण के अनुकूल ढलने को तैयार रहता है, वह दूसरों को भी ऐसा करने के लिए प्रेरित करता है। जिस नेता के व्यक्तित्व में लचीलापन होता है, उसके जीवन में अधिक सफल होने की संभावना होती है क्योंकि वह अपनी पूर्वनिर्धारित नीतियों में जरूरत पड़ने पर बदलाव करने में देर नहीं करता।

वह खुद को, और अपनी बनाई नीतियों को परिस्थितियों के अनुसार अनुकूलित करता है। एक नेता को दैनिक आधार पर भी अनेक अप्रत्याशित घटनाओं का सामना करना पड़ता है जिनके बारे में पूर्व कल्पना नहीं की जा सकती। अगर किसी इंसान में लचीलापन है, तो वह तनाव को खुद पर हावी नहीं होने देगा और समस्या समाधान पर ध्यान केंद्रित करेगा। इससे वह चिंता, अवसाद आदि नकारात्मक विकारों से दूर रह पाएगा। बहुत कम चीजें वैसी होती हैं जैसी योजना बनाई जाती है, इसलिए एक अच्छे नेता में लचीलापन होना चाहिए ताकि वह परिस्थितियों के अनुसार खुद को ढाल सके और सफलता प्राप्त कर सके।

प्रेरित करने की क्षमता

एक अच्छे नेता में दूसरों को प्रेरित करने की क्षमता होनी चाहिए। स्पष्ट और सकारात्मक विचार रखने के साथ ही दूसरों तक अपने विचारों को संप्रेषित करके उन्हें उत्साहित करने की कला भी होनी चाहिए। यह अत्यंत आवश्यक है ताकि सहयोगियों को उत्साहित रखा जा सके और उन्हें उस उद्देश्य की याद दिलाई जा सके जिस पर वे कार्य कर रहे हैं। एक अच्छे नेता में अपनी टीम को प्रोत्साहित रखने की क्षमता होती है। एक अच्छा नेता वही होता है जिसका अनुसरण करने के लिए लोग तैयार रहते हैं और जिस पर भरोसा कर सकते हैं। ऐसे नेता के साथ उनकी टीम साहसिक कार्य करने के लिए तैयार रहती है।

नेता को प्रेरणादायक बनने के लिए स्वयं को भी प्रेरित करना होता है, और यह स्वयं प्रेरणा अच्छे विचारों और अच्छे कार्यों से प्राप्त होती है। इसीलिए एक नेता को खुद को हमेशा सही और सकारात्मक कार्य करने के लिए प्रेरित करना चाहिए, एक अच्छे आचरण का पालन करना चाहिए और सहयोगात्मक भावना रखनी चाहिए। इससे दूसरों को प्रभावित किया जा सकता है और वे भी खुद को प्रेरित महसूस करते हैं।

अपने कार्यों और विचारों से दूसरों को प्रोत्साहित करते हैं। उनकी प्रेरणा से लोग अपना सर्वश्रेष्ठ प्रदर्शन करने के लिए तैयार होते हैं। एक नेता का काम केवल निर्देश देना नहीं होता, बल्कि लोगों को आत्मविश्वास और उत्साह से भर देना भी होता है।

बेहतर रणनीतिकार

"<u>राजनीति पूरी तरह से रणनीति का खेल है,</u>"
इसलिए एक अच्छे नेता का यह गुण होना चाहिए कि वह एक अच्छा रणनीतिकार भी हो। इतिहास ऐसे नेताओं से भरा पड़ा है जिन्होंने कम संसाधनों, सीमित अवसरों और हार की पूरी संभावनाओं के बावजूद अपनी बेहतर रणनीति के दम पर विजय प्राप्त की। एक सफल नेता पूरी तरह से संगठन या टीम पर विचार कर सकता है, जिसके साथ वह काम कर रहा है, और अपनी टीम को संगठन की शक्तियों, कमजोरियों, संभावनाओं और खतरों के बारे में जागरूक करता है। एक अच्छे रणनीतिकार के पास एक स्पष्ट लक्ष्य होता है और उस लक्ष्य को प्राप्त करने के लिए उसके पास एक व्यवहारिक और सुविचारित रणनीति होती है। उसे यह भी पता होता है कि अपनी टीम को प्रेरित करने और आगे बढ़ाने के लिए क्या कदम उठाने होंगे। रणनीति के उद्देश्य, समय सीमा, लागत इत्यादि तय करना भी एक सफल रणनीति के हिस्से हैं। ऐसा करने पर लक्ष्य प्राप्ति के प्रति नेता और उनकी संपूर्ण टीम आत्मविश्वास और उत्साह महसूस करती है, जो अंततः उन्हें अपनी रणनीति को सफल बनाने में सहायक होते हैं।

पारस्परिक संचार

एक अच्छा नेता प्रामाणिक तरीके से दूसरों से संवाद करने में सक्षम होता है। उसकी बातों में विश्वसनीयता झलकती है, जिससे उसकी बातों पर संगठन और जनता विश्वास कर पाते हैं।

बेहतर पारस्परिक संचार के माध्यम से ही एक नेता अपनी टीम और जनता से बेहतर तरीके से जुड़ पाता है, इसलिए पारस्परिक संचार एक अच्छे नेता का महत्वपूर्ण गुण होता है। करुणा, संवेदनशीलता, समझना और सामने वाले को अच्छे से सुनना भी बेहतर पारस्परिक संचार के गुण हैं। एक अच्छे नेता का मतलब सिर्फ बोलना नहीं होता, बल्कि सामने वाले की बातों को भी ध्यान से सुनना और समझना भी आवश्यक है, जिससे वह अपनी टीम और जनता के साथ बेहतर भावनात्मक संबंध स्थापित कर सके। पारस्परिक संचार जीवन के सभी पहलुओं के लिए महत्वपूर्ण है।

यह व्यक्ति के व्यक्तिगत और पेशेवर जीवन को बेहतर बनाने में मदद करता है, यह सकारात्मक कार्यसंस्कृति, उत्पादक वातावरण, और सूचनाओं का आदान-प्रदान आसान कर देता है जिससे अपेक्षाओं में स्पष्टता सुनिश्चित होती है। पारस्परिक संचार में मौखिक और गैर-मौखिक दोनों तरह के संचार शामिल होते हैं। सरल शब्दों में, अपने विचारों, इरादों और भावनाओं को स्पष्ट और सटीकता के साथ संप्रेषित करने का कौशल ही बेहतर पारस्परिक संचार का गुण है, इसीलिए एक अच्छा नेता स्पष्ट, सटीक और प्रभावी संचार करने में सक्षम होता है। वे यह जानते हैं कि अपने विचारों और योजनाओं को कैसे व्यक्त करना है ताकि लोग उन्हें समझ सकें और समर्थन कर सकें। वे न केवल अच्छा बोलते हैं, बल्कि सक्रियता से सुनते भी हैं, जिससे वे अपनी टीम और जनता की चिंताओं और विचारों को बेहतर ढंग से समझ पाते हैं।

रचनात्मकता और नवीनता

नेतृत्व के लिए परिवर्तन करने, नए दृष्टिकोण और नए विचारों को सामने लाने की आवश्यकता होती है। एक नेता वह व्यक्ति होता है जो नई विचारधाराओं, दृष्टिकोणों और संभावनाओं के लिए खुला रहता है। नेताओं को सुनने, निरीक्षण करने और आवश्यकता पड़ने पर रणनीति बदलने में सक्षम होना चाहिए।

"रचनात्मकता व्यक्ति को समस्याओं का नवीन समाधान खोजने में सक्षम बनाती है।" यह समस्याओं को नए दृष्टिकोण से देखने और उसके अनुसार समाधान विकसित करने में मदद करती है।परिस्थितियों में परिवर्तन के अनुसार इंसान को भी अपनी रणनीति में परिवर्तन करने की जरूरत होती है। जो इंसान रचनात्मक होता है, वह जल्दी से परिस्थितियों को संभालने के नए रास्ते ढूंढ निकाल लेता है। इसीलिए एक अच्छे नेता में यह गुण जरूर होता है, जिससे वह विपरीत परिस्थितियों का सावधानीपूर्वक सामना कर सकता है। "रचनात्मकता किसी भी कार्य को रोमांचकता से भर देती है।"

जिम्मेदार होना

एक अच्छे नेता में जिम्मेदारी की भावना होनी चाहिए, जिससे उसकी टीम को यह विश्वास हो सके कि उसका नेता एक जिम्मेदार इंसान है और उसके साथ कार्य करने पर उन्हें किसी भी प्रकार की कोई कठिनाई नहीं होगी। **"जिम्मेदारी का गुण व्यक्ति के काम को और उसके दूसरों के साथ संबंधों को बेहतर बनाता है।"** एक नेता अपनी टीम को भरोसा दिलाता है कि वह अधिक काम करने, उनका अनुसरण करने, कठिन समय में उनका समर्थन करने और टीम के लक्ष्यों को प्राप्त करने में सक्षम है।

"अधिकार के साथ दायित्व बढ़ जाते हैं।" अर्थात जिस व्यक्ति का पद जितना बड़ा होता है, उसका दायित्व भी स्वतः ही बढ़ जाता है क्योंकि "उच्च पद उच्च जिम्मेदारी की भी उम्मीद रखते हैं।" अच्छे नेता अपने कार्यों और निर्णयों के लिए जवाबदेह होते हैं। वे अपनी जिम्मेदारियों को स्वीकार करते हैं और जब गलतियाँ होती हैं, तो उन्हें स्वीकार करने में हिचकिचाते नहीं हैं। यह गुण उन्हें ईमानदार और पारदर्शी बनाता है और उनकी नेतृत्व क्षमता को मजबूत करता है।

प्रमाणिकता और आत्मजागरूकता

एक सफल नेता के रूप में, आत्म-जागरूक होना अत्यंत महत्वपूर्ण है क्योंकि ऐसा व्यक्ति अपनी ताकत और कमजोरियों को अच्छी तरह जानता है। इसलिए, कोई भी व्यक्ति उसे मूर्ख नहीं बना सकता। वह अपनी योग्यताओं को ध्यान में रखते हुए एक बेहतर और प्रामाणिक नेतृत्व शैली विकसित करता है। "आत्म-जागरूकता के कारण, उसकी रणनीतियां उसकी खूबियों और कमियों पर आधारित होती हैं, न कि किसी की तुलना या अनुसरण पर इसलिए, ऐसी रणनीति के सफल होने की संभावना लगभग 100% होती है।" एक अच्छे नेता में यह गुण जरूर होना चाहिए, जिससे वह खुद को एक बेहतर नेता के रूप में स्थापित कर सके और अपनी सफलता की हर संभावना की तलाश स्वयं कर सके। **"आत्म-जागरूक व्यक्ति अपने लिए सबसे बेहतर सलाहकार होता है।"**

भावनात्मक बुद्धि

भावनात्मक बुद्धि से तात्पर्य है अपनी भावनाओं के प्रति जागरूक होना, उन्हें नियंत्रित, व्यक्त करने की क्षमता, और पारस्परिक संबंधों को विवेकपूर्ण और सहानुभूति पूर्वक संभालने की योग्यता होना। भावनात्मक रूप से बुद्धिमान लोग सामान्यतः आत्मविश्वास से भरे होते हैं और वे अपने बारे में यथार्थवादी होते हैं। **"जीवन में अधिक सफल होने वाले लोगों का इमोशनल कोशेंट (EQ) आमतौर पर इंटेलिजेंट कोशेंट (IQ) से अधिक होता है।"** इंटेलिजेंस किसी को महान ज्ञानी बना सकता है, वही इमोशनल कोशेंट व्यक्ति को व्यावहारिक बनाता है। इसलिए, एक अच्छे नेता में भावनात्मक बुद्धि का स्तर अच्छा होना चाहिए, जिससे वह अपने और अपने सहयोगियों के साथ बेहतर व्यावहारिक संबंध स्थापित कर सके।

धैर्यवान

धैर्य वास्तव में सफलता की कुंजी है। एक सफल व्यक्ति और सफल नेता हमेशा धैर्यवान होते हैं, क्योंकि समस्याओं का समाधान करने में धैर्य रखने और शांत रहने से समस्याओं के रचनात्मक समाधान की दिशा में काम करना आसान हो जाता है। धैर्यवान व्यक्ति अपनी असफलताओं का अच्छे से विश्लेषण करके सफलता की ओर कदम बढ़ाने में विश्वास रखता है। असफलताएं जीवन का हिस्सा हैं, लेकिन जीवन के हर स्तर पर धैर्य बनाए रखना एक सफल व्यक्ति की पहचान होती है। यह गुण एक अच्छे नेता के लिए अत्यंत आवश्यक है।

निरंतर सुधार

एक अच्छा नेता यह समझता है कि पूर्णता कभी संभव नहीं है। व्यक्ति से लेकर टीम और नेतृत्व तक, संगठन के सभी स्तरों पर सुधार की गुंजाइश हमेशा रहती है। जीवन में सीखने की प्रक्रिया कभी समाप्त नहीं होती। इसलिए, एक अच्छा नेता निरंतर सीखने और सुधार करने में विश्वास रखता है।

सशक्तिकरण का दृष्टिकोण

एक नेता स्वयं सशक्त होने के साथ-साथ अपनी टीम को भी सशक्त बनाने में विश्वास रखता है, जिससे रचनात्मकता, उत्पादकता, और टीम का मनोबल बढ़ सके। एक नेता का दृष्टिकोण समाज के हर स्तर को सशक्त बनाने का होना चाहिए, क्योंकि वह जनता का सेवक होता है और जनता के लिए कार्य करना ही एक नेता का पहला कर्तव्य होता है। समाज को आर्थिक, सामाजिक, राजनीतिक, सांस्कृतिक रूप से और वंचित तथा शोषित समुदायों के लिए सशक्तिकरण का ध्यान रखना भी एक नेता का कर्तव्य है। **"एक सशक्त नेता ही एक सशक्त राष्ट्र का निर्माता होता है।"**

विनम्रता

एक व्यक्ति की पहचान उसके पद के साथ-साथ इस बात से भी होती है कि उसका व्यवहार कैसा है। "घमंडी व्यक्ति, चाहे कितना भी सफल क्यों न हो, किंतु अंततः घृणा का पात्र बन जाता है।" लोग उसे जुड़ना पसंद नहीं करते और न ही उसे अपना प्रेरणा स्रोत मानना चाहते हैं। घमंड कहीं न कहीं व्यक्ति की सफलता को लंबे समय तक कायम रखने में बाधक बनता है। वहीं, जो व्यक्ति सफल होने के साथ ही विनम्र भी होता है, वह अपनी जनता के दिलों पर राज करता है और लंबे समय तक सफलता कायम रख पाने में भी सफल रहता है। इसलिए एक नेता को विनम्र और सहज होना चाहिए।

जुनून

जुनून व्यक्ति में किसी भी असंभव कार्य को करने का साहस भर देता है। ऐसी स्थिति में व्यक्ति अत्यधिक सुविधाओं की तलाश किए बिना ही अपने आप को काम करने के लिए प्रेरित रख पाता है। एक जुनूनी व्यक्ति के सामने कभी भी अभाव, समस्याएं, या प्रतिकूल परिस्थितियां बाधा नहीं बनती हैं। वह हर हाल में अपने आप को काम करने के लिए प्रोत्साहित और प्रेरित कर पाता है, और उसे किसी भी बाहरी प्रेरणा की आवश्यकता नहीं होती है।

सार्वजनिक भाषण

नेता की आवाज में जोश, विश्वास और साहस संगठन और जनता को जोड़कर रखने की क्षमता रखती है। एक श्रेष्ठ भाषण शैली भी एक अच्छे नेता की पहचान होती है। सार्वजनिक भाषण राजनीतिक क्षेत्र का एक अहम हिस्सा होता है। इसके द्वारा ही एक नेता अपनी बातों, अपने विचारों को लोगों तक पहुंचा पाता है। देश को आगे बढ़ाने के लिए उसकी योजनाएं और विजन इत्यादि को जनता के सामने प्रस्तुत करने का सबसे प्रभावी माध्यम सार्वजनिक भाषण ही होता है।

अनुकूलन क्षमता

"निराशावादी हवा के बारे में शिकायत करता है, आशावादी को उम्मीद है कि यह बदल जाएगी" — जॉन मैक्सवेल
ज़िंदगी कभी स्थिर नहीं रहती; उसमें उतार-चढ़ाव आते रहते हैं। समझदार व्यक्ति में अनुकूलन क्षमता होती है, जिससे वह बदलती परिस्थितियों के अनुसार खुद को बदल लेता है। जैसे समय बदलता रहता है, वर्तमान समय तकनीकी युग है। एक समझदार नेता अपने आप को तकनीकी रूप से अनुकूलित करने का प्रयास करता है। इसका मतलब है कि समय के साथ इंसान को भी खुद को अपडेट करते रहना चाहिए।

सकारात्मक सोच

एक अच्छा नेता हमेशा सकारात्मक दृष्टिकोण रखता है। वे अपने आसपास के लोगों को भी आशावादी दृष्टिकोण से प्रेरित करते हैं। कठिन समय में भी वे अपने साथियों को धैर्य बनाए रखने और समाधान की दिशा में कार्य करने के लिए प्रेरित करते हैं। सकारात्मक सोच वाला व्यक्ति विपरीत परिस्थितियों में भी सफलता के रास्ते ढूंढ लेता है। इसलिए एक सफल नेता को हमेशा अपनी सोच सकारात्मक रखनी चाहिए, क्योंकि यही सोच उसे समस्याओं का समाधान सफलतापूर्वक निकालने में मदद करती है।

सकारात्मकता व्यक्ति के विचार में अनगिनत नवाचारी विचार लाने की क्षमता रखती है, जिससे व्यक्ति अपने आप को संकुचित महसूस किए बिना नए समाधान के रास्ते ढूंढ लेता है। सकारात्मक सोच नकारात्मकता से दूर रखती है और **"एक सकारात्मक सोच वाला व्यक्ति स्वयं को हर समय विचारों की दृष्टि से स्वस्थ महसूस करता है।"** यही स्वस्थ विचार उसकी कार्यशैली को भी सकारात्मक और प्रभावी बना देते हैं, जिससे एक सकारात्मक वातावरण का निर्माण होता है।

इस सकारात्मक वातावरण में कार्य करते हुए व्यक्ति सफलता की ओर कदम बढ़ाता है। चाहे उसके कार्य का अंतिम परिणाम कुछ भी हो, उसे इस बात की शिकायत नहीं रहती कि उसने कार्य को बेहतर तरीके से नहीं किया। इस प्रकार की सोच रखने वाला व्यक्ति हारने के बाद भी एक बेहतर अनुभव प्राप्त करता है, और यह अनुभव अंततः उसे जीवन में सफलता दिलाने में योगदान देता है

समस्या समाधान

यदि समस्याओं पर अधिक ध्यान देने की बजाय समाधान पर ध्यान केंद्रित किया जाए, तो समस्याएं अधिक समय तक टिक नहीं पाएंगी। जीवन में समस्याएं कभी समाप्त नहीं होतीं, इसलिए खुद को समस्याओं में उलझाने के बजाय समाधान पर ध्यान रखना चाहिए। राजनीति में भी हर पड़ाव पर एक नेता को समस्याओं का सामना करना पड़ता है, इसलिए एक अच्छे नेता को हमेशा समाधान पर ध्यान केंद्रित करना चाहिए। इसी दृष्टिकोण के कारण वह कम समय में समाधान ढूंढ कर आसानी से आगे बढ़ सकता है।

नैतिकता

"यदि कोई इंसान बहुत योग्यशाली है किंतु वह नैतिक नहीं है, तो उसका पतन होना निश्चित है।" नैतिकता का तात्पर्य है अपने पद का दुरुपयोग न करना, जिस कार्य के लिए जनता ने उसे चुना है वही करना, और राष्ट्रीय हित की भावना रखना, न कि केवल अपने स्वार्थ की। अनेकों उदाहरण मिलते हैं जहां एक योग्य और सफल नेता अनैतिकता के कारण अपनी जनता का विश्वास खो देता है। इसलिए एक नेता को नैतिक होना चाहिए। उन्हें अपने वचनों और कार्यों में नैतिकता का पालन करना चाहिए। जब नेता ईमानदार होते हैं, तो लोग उन पर विश्वास करते हैं और उनका अनुसरण करते हैं।

ईमानदारी से काम करने वाले नेता जनता का विश्वास आसानी से जीतते हैं और उन्हें जनता का समर्थन मिलता है।

आत्म- प्रबंधन

आत्म प्रबंधन का मतलब है स्वयं को पूरी तरह से प्रबंधित करने की क्षमता। ऐसा करने में वही व्यक्ति सफल होता है जो अपनी इंद्रियों पर पूरी तरह से काबू पा लेता है। एक आत्म-प्रबंधित व्यक्ति अपना काम समय पर पूरा करता है और इंद्रियों के बहकावे में आकर काम को कल पर नहीं छोड़ता। ऐसे व्यक्ति की सफल होने की संभावना अधिक होती है। एक अच्छा नेता अपना समय कुशलतापूर्वक प्रबंधित करता है और प्राथमिकताओं को प्रभावी ढंग से तय करता है। आत्म प्रबंधन से समय की बर्बादी से बचा जा सकता है, जिससे अपने लक्ष्य की प्राप्ति के लिए पर्याप्त समय मिल पाता है। इसलिए एक अच्छे और सफल नेता में आत्म प्रबंधन का गुण होना चाहिए।

समर्पण

यह गुण भी आवश्यक है, अच्छे नेता अपने कार्यों और लक्ष्यों के प्रति पूरी तरह से समर्पित होते हैं। वे कठिन परिश्रम और दृढ़ निश्चय के साथ अपने उद्देश्यों को पूरा करने के लिए कार्य करते हैं। उनके समर्पण का स्तर उनकी टीम को प्रेरित करता है और उन्हें भी अपने काम के प्रति उत्साही और प्रतिबद्ध रहने के लिए प्रोत्साहित करता है। वे कठिन परिश्रम और दृढ़ निश्चय के साथ अपने उद्देश्यों को पूरा करने के लिए कार्य करते हैं। उनके समर्पण का स्तर उनकी टीम को प्रेरित करता है और उन्हें भी अपने काम के प्रति उत्साही और प्रतिबद्ध रहने के लिए प्रोत्साहित करता है।

टीम निर्माण एवं टीम प्रबंधन

अच्छा नेता अपनी टीम को बुद्धिमानी से चुनता है, जिससे वह स्वयं और अपनी टीम का सर्वश्रेष्ठ प्राप्त कर सके। टीम निर्माण करते समय कुछ बातों को ध्यान में रखना आवश्यक है, जैसे स्वयं की योग्यता और टीम के सदस्यों की योग्यताओं को समझने की क्षमता होना। टीम में सही और योग्य लोगों का चुनाव अत्यंत महत्वपूर्ण है। "विविध विचारों को एक विचार में समेटना ही टीमवर्क है।" यदि किसी नेता में टीम निर्माण और टीम प्रबंधन की योग्यता नहीं है, तो संगठन अधिक समय तक सफल नहीं रह सकता।

सांस्कृतिक संवेदनशीलता

संस्कृति प्रत्येक समाज का आधार होती है, और इसका इंसान के जीवन में गहरा जुड़ाव होता है। इसलिए, एक नेता में सांस्कृतिक संवेदनशीलता होनी चाहिए, ताकि वह प्रत्येक संस्कृति का सम्मान कर सके और अपनी जनता से बेहतर तरीके से जुड़ सके। "**अपनी संस्कृति का पालन करना और दूसरों की संस्कृति का सम्मान करना एक समझदार व्यक्ति का गुण होता है।**" एक अच्छे नेता के अंदर यह गुण होना चाहिए ताकि वह विभिन्न संस्कृतियों के लोगों के साथ सहजता से जुड़ सके और उन्हें सामूहिक रूप से कार्य करने के लिए प्रेरित कर सके। विभिन्न संस्कृतियों का सम्मान करने से जनता उस नेता और उसके संगठन के साथ अधिक सहज और सुरक्षित महसूस करती है। अपनी जनता को ऐसा महसूस करवा पाना एक नेता के लिए एक महान उपलब्धि होती है।

सत्यनिष्ठा और ईमानदारी

एक अच्छे नेता में सत्यनिष्ठा और ईमानदारी का गुण होना चाहिए। ऐसा नेता ही आने वाली पीढ़ियों के लिए एक रोल मॉडल बन पाता है। दुनिया में ऐसे कई नेता हैं जिन पर जनता भरोसा करती है, लेकिन वे अंततः जनता के विश्वास को कायम नहीं रख पाते और सत्यनिष्ठा तथा ईमानदारी की कसौटी पर खरे नहीं उतरते।

इससे न केवल उनके नेता की बल्कि उनके संपूर्ण संगठन की छवि खराब होती है। एक नेता के हाथ में देश का बजट और राष्ट्र का भविष्य होता है, इसलिए उसे सत्यनिष्ठा और ईमानदारी का गुण होना चाहिए, जिससे वह अपने कर्तव्यों का सही ढंग से निर्वहन कर सके।

निर्णय लेने की क्षमता

अच्छे नेता में जटिल परिस्थितियों में सही निर्णय लेने की क्षमता होती है। वे जानकारी का विश्लेषण करके संतुलित और समयोचित तरीके से निर्णय लेते हैं। उनके निर्णय तात्कालिक समस्याओं का समाधान करने के साथ-साथ दीर्घकालिक लाभ भी प्रदान करते हैं।

सहानुभूति

सहानुभूति एक महत्वपूर्ण गुण है, जो एक अच्छे नेता को समझदार और संवेदनशील बनाता है। एक अच्छा नेता लोगों की भावनाओं, समस्याओं और जरूरतों को समझता है और उनकी सहायता के लिए तैयार रहता है। वे अपने साथियों और जनता के प्रति सहानुभूतिपूर्ण होते हैं, जिससे लोग उनसे जुड़ाव महसूस करते हैं।

इन सभी गुणों का समावेश एक अच्छे नेता में होता है, जिससे वे अपने संगठन, समाज और देश को सफलता और प्रगति की ओर ले जाते हैं। अच्छे नेता का प्रभाव दूरगामी होता है, वे अपने नेतृत्व से लोगों के जीवन में सकारात्मक परिवर्तन लाने की क्षमता रखते हैं।

"नेतृत्व का गुण केवल राजनीति मैं ही नहीं, बल्कि जीवन के हर क्षेत्र में सफलता प्राप्त करने के लिए आवश्यक है।"

मजबूत शीर्ष नेतृत्व के लाभ

मजबूत शीर्ष नेतृत्व के लाभ -

1. संपूर्ण संगठन प्रेरित महसूस करता है।
2. शीर्ष प्रतिभा को आकर्षित करता है।
3. उत्पादकता को बढ़ाता है।
4. सकारात्मक कार्य-संस्कृति का निर्माण करता है।
5. समूह किसी के दबाव में नहीं आता।
6. बेहतर राष्ट्रीय नीति निर्माण में सहायक होता है।
7. राष्ट्रीय सुरक्षा के लिए महत्वपूर्ण होता है।
8. स्थायित्व का प्रतीक होता है।
9. बेहतर अंतर्राष्ट्रीय संबंधों को बढ़ावा देता है।
10. राष्ट्र का चहुंमुखी विकास करता है।

संपूर्ण संगठन प्रोत्साहित महसूस करता है

मजबूत शीर्ष नेतृत्व का पहला लाभ यही है कि संपूर्ण संगठन खुद को प्रोत्साहित महसूस करता है, जिससे वह अपनी संपूर्ण क्षमताओं के साथ अपने कार्य को कुशलता से पूर्ण करने में सक्षम होता है। नेतृत्व का मजबूत होना संपूर्ण संगठन को प्रोत्साहन प्रदान करता है। हमने इतिहास से लेकर वर्तमान तक के कई महान नेताओं, योद्धाओं और सफल व्यक्तियों के बारे में पढ़ा और सुना है, और उनमें से हर एक अत्यधिक महत्वपूर्ण गुणों से युक्त थे। "केवल उनकी अद्भुत क्षमता ही जीत की वजह नहीं थी, बल्कि संगठन को साथ लेकर चलने और जीवन में सफलता के कीर्तिमान स्थापित कर सके।

एक मजबूत शीर्ष नेतृत्व संपूर्ण संगठन के लिए प्रेरणा का स्रोत बन जाता है, जो संगठन के सदस्यों में आत्मविश्वास भर देता है। इससे उन्हें असंभव लगने वाला कार्य भी संभव लगने लगता है, और वे अपने पूरे जोश और जुनून के साथ अपने नेतृत्वकर्ता का साथ देते हैं। इससे संपूर्ण संगठन स्वयं को एकजुट महसूस करता है, और यही ताकत अंततः संगठन की सफलता का कारण बनती है। किसी भी क्षेत्र में देखें, हर सफल व्यक्ति ने अपने जीवन में किसी कार्य को शून्य से शुरू किया और अपनी बेहतर नेतृत्व क्षमता की वजह से उस क्षेत्र में शिखर तक पहुँचा।

जॉर्जिया मेलोनी इसका एक बेहतरीन उदाहरण हैं क्योंकि राजनीति बिना संगठन के संभव ही नहीं है। राजनीति की सबसे महत्वपूर्ण आवश्यकता यही होती है कि संपूर्ण संगठन को साथ लेकर चलने की क्षमता किसी व्यक्ति में होनी चाहिए, अन्यथा वह राजनीति में सफल नहीं हो सकता है। वर्तमान समय में भी ऐसे कई सफल व्यक्तियों के उदाहरण देखने को मिलते हैं जिन्होंने अपने जीवन में शून्य से शुरुआत की, लेकिन अपनी मजबूत नेतृत्व क्षमता की वजह से सफलता के शिखर को छुआ, जैसे - भारतीय प्रधानमंत्री नरेंद्र मोदी, एलोन मस्क, जैक मा, धीरूभाई अंबानी, महेंद्र सिंह धोनी इत्यादि।

शीर्ष प्रतिभाओं को आकर्षित करना

एक मजबूत शीर्ष नेतृत्व राष्ट्र की शीर्ष प्रतिभाओं को आकर्षित करने की क्षमता रखता है। अनेक प्रतिभाशाली व्यक्ति उचित अवसर न मिलने की वजह से कहीं न कहीं जीवन में पीछे रह जाते हैं, लेकिन यदि किसी संगठन का शीर्ष नेतृत्व मजबूत हो, तो वह उन क्षमताओं को आकर्षित करता है और उन प्रतिभाशाली लोगों में यह विश्वास जगाता है कि उन्हें इस नेतृत्वकर्ता के साथ अपनी क्षमताओं को बढ़ाने का अवसर अवश्य मिलेगा।

एक बेहतर नेतृत्वकर्ता में यह गुण होता है कि वह प्रतिभाशाली लोगों की पहचान करके उन्हें अवसर देता है। मजबूत शीर्ष नेतृत्व समाज और राष्ट्र में छिपी हुई अनेक प्रतिभाओं को उजागर करने की क्षमता रखता है। शीर्ष नेतृत्वकर्ता के इसी गुण की वजह से उनका संगठन और भी मजबूत हो जाता है, और संगठन के सफल होने की संभावना और भी सुनिश्चित हो जाती है।

"वर्तमान समय में, विदेश मंत्री के रूप में डॉ. एस जयशंकर का चयन इसका एक उत्कृष्ट उदाहरण है। उनके स्पष्ट वक्तव्यों और गहन विदेश नीति के ज्ञान पर देश को गर्व है। साथ ही, उनकी योग्यता को पहचानने के लिए प्रधानमंत्री श्री नरेंद्र मोदी जी पर भी गर्व है।"

उत्पादकता को बढ़ाता है

एक मजबूत शीर्ष नेतृत्वकर्ता उत्पादकता को बढ़ाता है क्योंकि उसके नेतृत्व के कारण संपूर्ण संगठन खुद को प्रेरित और प्रोत्साहित महसूस करता है, जिससे वे बेहतर कार्य करते हैं। बेहतर कार्य करने से संगठन की उत्पादकता. निश्चित रूप से बढ़ती है। साथ ही, एक मजबूत शीर्ष नेतृत्वकर्ता की नज़र से शीर्ष प्रतिभाएँ छिपी नहीं रह सकतीं, जिसके कारण संगठन की उत्पादकता और भी अधिक हो जाती है। शीर्ष प्रतिभाएँ संगठन की उत्पादकता को दोगुना कर देती हैं। उत्पादकता संगठन के कार्यों पर आधारित होती है, और कार्य करने की प्रेरणा शीर्ष नेतृत्वकर्ता ही देता है।

जिस संगठन का शीर्ष नेतृत्व मजबूत होता है, वह संगठन उत्साह और प्रोत्साहन के साथ अपने कार्य करता है, जिससे वह और अधिक व्यापक. और मजबूत बनता है। इसी वजह से संगठन एक क्षेत्र विशेष से उठकर वैश्विक रूप से अपनी पहचान स्थापित करने में सक्षम हो पाता है।

सकारात्मक कार्य वातावरण का निर्माण

मजबूत शीर्ष नेतृत्वकर्ता की वजह से संगठन में एक सकारात्मक कार्य वातावरण का निर्माण होता है, और सकारात्मकता ही सफलता के द्वार खोलती है। सकारात्मक वातावरण में व्यक्ति को किसी बाहरी प्रेरणा की ज़रूरत नहीं होती। संगठन के आंतरिक मोटिवेशन से ही व्यक्ति अपने कार्य को सफलतापूर्वक कर सकता है। सकारात्मक वातावरण किसी भी कार्य को बेहतर ढंग से करने के लिए अनुकूल परिस्थितियाँ प्रदान करता है।

सकारात्मकता, संगठन को किसी भी विपदा से उबरने के लिए नए रास्ते सुझाती है, जिससे संगठन खुद को कमजोर महसूस नहीं करता और अपनी वास्तविक क्षमताओं के साथ कार्य करता है। सकारात्मक वातावरण में व्यक्ति का दिमाग शांत और संयमित रहता है, जिससे उसके भीतर अनगिनत सकारात्मक विचार उत्पन्न होते हैं। ये विचार संगठन को आगे बढ़ाने और भविष्य में बेहतर योजनाएँ बनाने में सहायक होते हैं।

राष्ट्र किसी बाहरी दबाव में नहीं आता

मजबूत शीर्ष नेतृत्व वाला कोई भी संगठन या राष्ट्र कभी भी किसी बाहरी दबाव में नहीं आता, क्योंकि उसकी आंतरिक शक्ति अत्यधिक मजबूत होती है। इस आंतरिक शक्ति का प्रभाव बाहरी दबाव डालने वाले संगठन, समुदाय, या राष्ट्र पर भी पड़ता है। कमजोर शीर्ष नेतृत्व वाले राष्ट्रों में आतंकवाद, अलगाववाद जैसी घटनाएँ आम तौर पर देखने को मिलती हैं, जबकि उन राष्ट्रों में, जहाँ शीर्ष नेतृत्व मजबूत होता है, ऐसी घटनाएँ कम ही होती हैं।

अगर ऐसी घटनाएँ होती भी हैं, तो उनका समाधान समय रहते कर लिया जाता है। एक मजबूत शीर्ष नेतृत्व भयमुक्त होकर कार्य करता है और अपने राष्ट्रीय हित को सर्वोपरि रखता है।

वह कभी भी बाहरी दबाव में आकर राष्ट्रीय हित को त्यागने के लिए बाध्य नहीं होता है। मजबूत नेतृत्वकर्ता अपने राष्ट्र की जरूरतों के अनुसार निर्णय लेता है और किसी बाहरी दबाव में आकर कार्य नहीं करता। इसलिए, "एक राष्ट्र को भयमुक्त होकर शासन करने के लिए एक मजबूत शीर्ष नेतृत्व की आवश्यकता होती है।"

बेहतर राष्ट्रीय नीति निर्माण में सहायक

मजबूत शीर्ष नेतृत्व बेहतर राष्ट्रीय नीति निर्माण में सहायक होता है। एक मजबूत नेतृत्व के प्रभाव में संपूर्ण संगठन खुद को प्रेरित और प्रोत्साहित महसूस करता है, जिससे संगठन में सकारात्मकता का संचार होता है। इस स्थिति में संपूर्ण संगठन एकजुटता की भावना के साथ नीति निर्माण में योगदान करता है, जो बेहतर राष्ट्रीय नीति निर्माण का आधार बनता है। मजबूत शीर्ष नेतृत्व की वजह से नीति निर्माण की प्रक्रिया में किसी भी प्रकार की बाधा उत्पन्न होने की संभावना बहुत कम हो जाती है।

वहीं, यदि किसी संगठन का शीर्ष नेतृत्व कमजोर हो, तो वह आंतरिक और बाह्य दोनों ही रूपों में प्रभावित होता है। इसके कारण उनकी नीति निर्माण ऐसे संगठन को सकारात्मक और अनुकूल वातावरण नहीं मिल पाता, और वे अपनी वास्तविक क्षमताओं के साथ कार्य नहीं कर पाते हैं। इसलिए, किसी भी राष्ट्र के बेहतर नीति निर्माण के लिए उसका शीर्ष नेतृत्व मजबूत होना अत्यधिक आवश्यक है।

राष्ट्रीय सुरक्षा के लिए महत्वपूर्ण

जिस देश का शीर्ष नेतृत्व मजबूत नहीं होता, उसकी राष्ट्रीय सुरक्षा हमेशा खतरे में रहती है। ऐसे देशों में आतंकवाद, अलगाववाद और अन्य प्रकार की गलत गतिविधियाँ पनपने लगती हैं।

वर्तमान समय में इसका सबसे बड़ा उदाहरण पाकिस्तान है, जिसका लड़खड़ाता शीर्ष नेतृत्व उसकी दुर्दशा के लिए मुख्य रूप से जिम्मेदार है। आज पाकिस्तान को संपूर्ण विश्व में एक आतंकवाद समर्थक देश के रूप में जाना जाता है। वहीं, जिन राष्ट्रों का शीर्ष नेतृत्व मजबूत होता है, वहाँ की राष्ट्रीय सुरक्षा हमेशा बनी रहती है। एक मजबूत शीर्ष नेतृत्वकर्ता के लिए राष्ट्रीय सुरक्षा सर्वोपरि होती है। जिस राष्ट्र में आप रहते हैं, अगर वही सुरक्षित नहीं है तो आप स्वयं भी सुरक्षित नहीं रह सकते। एक मजबूत शीर्ष नेतृत्वकर्ता अपने राष्ट्र में आतंकवाद, अलगाववाद जैसे तत्वों को पनपने नहीं देता, जिससे राष्ट्र की सुरक्षा बनी रहती है।

वर्तमान समय में इसका एक बेहतरीन उदाहरण......"भारत के आदरणीय प्रधानमंत्री **'श्री नरेंद्र मोदी'** का नाम लिया जा सकता है। उनके कार्यकाल की एक प्रमुख विशेषता आतंकवाद को नियंत्रित करना और संपूर्ण विश्व को इस मुद्दे पर जागरूक करना रही है।" इसके लिए उन्हें अन्य देशों का भरपूर समर्थन मिला, जिसमें इटली का नाम भी शामिल है।

इटली की प्रधानमंत्री जॉर्जिया मेलोनी ने भी अपने भाषण में आतंकवाद को समाप्त करने की अपनी मंशा को व्यक्त किया। इसके चलते भारत ने संयुक्त राष्ट्र में आतंकवाद को परिभाषित करने की भी मांग की। यह एक मजबूत शीर्ष नेतृत्वकर्ता का ही कमाल है जिसने संपूर्ण विश्व के सामने राष्ट्रीय सुरक्षा का मुद्दा उठाया और इस पर सभी का ध्यान आकर्षित किया।

स्थायित्व का प्रतीक

मजबूत शीर्ष नेतृत्व अपने देश के शासन का स्थायित्व सुनिश्चित करता है। एक मजबूत शीर्ष नेतृत्वकर्ता के नेतृत्व में ही किसी राष्ट्र की स्थायी और मजबूत सरकार की स्थापना संभव होती है।

और एक स्थायी और मजबूत सरकार ही राष्ट्र का बेहतर विकास कर सकती है। एक मजबूत शीर्ष नेतृत्वकर्ता के नेतृत्व में ही किसी राष्ट्र की स्थायी और मजबूत सरकार की स्थापना संभव होती है। और एक स्थायी और मजबूत सरकार ही राष्ट्र का बेहतर विकास कर सकती है। जिस संगठन का नेतृत्वकर्ता मजबूत, साहसी, आत्मविश्वास से भरा, सत्यनिष्ठ और ईमानदार होता है, जनता उस नेतृत्वकर्ता के नेतृत्व में काम करने वाली सरकार को पसंद करती है। ऐसा नेतृत्वकर्ता जनता के साथ मिलनसार और आत्मीयता का रिश्ता स्थापित करने में सफल होता है, जिससे जनता का विश्वास प्राप्त होता है। वहीं, अगर किसी राष्ट्र का शीर्ष नेतृत्व कमजोर होता है, तो उसकी शासन व्यवस्था भी लड़खड़ाने लगती है।

ऐसी शासन व्यवस्था में देश के हित में कोई भी कार्य करने की क्षमता नहीं होती। ऐसे संगठन में न तो बेहतर निर्णय लिए जाते हैं, न ही राष्ट्र की सुरक्षा को प्रभावी तरीके से सुनिश्चित किया जा सकता है, और न ही बेहतर अंतर्राष्ट्रीय संबंधों की स्थापना की जा सकती है। इसके परिणामस्वरूप, राष्ट्र का संपूर्ण विकास बाधित होता है और वैश्विक रूप से उस राष्ट्र की छवि भी खराब होती है। ऐसे माहौल में आतंकवाद, अलगाववाद आदि भी आसानी से पनपने लगते हैं। किसी भी राष्ट्र के सर्वांगीण विकास के लिए उसकी सरकार का स्थिर होना अत्यधिक महत्वपूर्ण है, जो कि एक मजबूत शीर्ष नेतृत्व के माध्यम से ही संभव हो सकता है।

बेहतर अंतर्राष्ट्रीय संबंधों को बढ़ावा

एक मजबूत शीर्ष नेतृत्व बेहतर अंतर्राष्ट्रीय संबंधों को बढ़ावा देता है। इसका वर्तमान समय में सबसे सफल उदाहरण भारत के आदरणीय प्रधानमंत्री नरेंद्र मोदी जी हैं, जिन्होंने अपने मजबूत नेतृत्व कौशल से संपूर्ण विश्व के देशों के साथ बेहतर अंतर्राष्ट्रीय संबंध स्थापित करने में सफलता प्राप्त की है।

इसके तहत इटली के साथ भी बेहतर संबंधों की स्थापना हुई है। इसी कारण से मोदी जी को आज संपूर्ण विश्व में वैश्विक नेताओं की सूची में शीर्ष स्थान पर देखा जा सकता है। यह उनके नेतृत्व कौशल का ही कमाल है कि आज संपूर्ण विश्व के अधिकांश देश उनके नेतृत्व पर भरोसा करते हैं।

जॉर्जिया मेलोनी भी वर्तमान समय में एक उभरती वैश्विक नेता के रूप में ऐसा ही उदाहरण प्रस्तुत कर रही हैं। उनकी लोकप्रियता भी दिन-ब-दिन बढ़ती जा रही है, और इसकी एक प्रमुख वजह है बेहतर अंतर्राष्ट्रीय संबंध स्थापित करने में उनकी सफलता अंतर्राष्ट्रीय संबंधों की स्थापना एक मजबूत शीर्ष नेतृत्वकर्ता का महत्वपूर्ण गुण होता है, क्योंकि वह इसके महत्व को अच्छी तरह से समझता है।

राष्ट्र का चौमुखी विकास

एक मजबूत शीर्ष नेतृत्व के सानिध्य में ही एक राष्ट्र का चौमुखी विकास संभव हो पाता है। इतिहास से लेकर वर्तमान समय तक यह देखने को मिल सकता है कि जिन राष्ट्रों का शीर्ष नेतृत्व मजबूत रहा है, उन्होंने अपने चौमुखी विकास को प्राप्त किया और अपना नाम इतिहास के स्वर्णिम पन्नों में दर्ज कराया। इसके साथ ही उन्होंने अपने राष्ट्र की वैश्विक पहचान बनाई, जैसे महान शासक सम्राट अशोक, नेपोलियन बोनापार्ट, अब्राहम लिंकन इत्यादि। हर सफल राष्ट्र या संगठन की सफलता के पीछे उनके शीर्ष नेतृत्व का ही प्रमुख योगदान होता है।

ये नेता अपने राष्ट्र को सामाजिक, आर्थिक, राजनीतिक, विज्ञान एवं तकनीकी, राष्ट्रीय सुरक्षा और बेहतर अंतर्राष्ट्रीय संबंधों के क्षेत्रों में आगे बढ़ाने के लिए हमेशा तत्पर रहते हैं। उनके नेतृत्व में, राष्ट्र न केवल विकास के विभिन्न क्षेत्रों में प्रगति करता है बल्कि वैश्विक मंच पर भी एक महत्वपूर्ण स्थान प्राप्त करता है।

मजबूत शीर्ष नेतृत्व के उदाहरण

महात्मा गांधी: उन्होंने भारत के स्वतंत्रता संग्राम का नेतृत्व किया और अपने अहिंसक प्रतिरोध के दर्शन से लाखों लोगों को प्रेरित किया। उनका मजबूत नैतिक अधिकार और लोगों को एकजुट करने की क्षमता अद्वितीय थी।

सरदार वल्लभभाई पटेल: भारत के पहले उप प्रधान मंत्री के रूप में, उन्होंने स्वतंत्रता के बाद रियासतों को भारत में विलय करने में महत्वपूर्ण भूमिका निभाई। उनकी दृढ़ इच्छाशक्ति और निर्णायक नेतृत्व ने एक एकीकृत भारत के निर्माण में महत्वपूर्ण योगदान दिया।

डॉ. ए.पी.जे. अब्दुल कलाम: एक प्रतिष्ठित वैज्ञानिक और भारत के राष्ट्रपति के रूप में, उन्होंने युवाओं को प्रेरित किया और देश को विज्ञान और प्रौद्योगिकी के क्षेत्र में आगे बढ़ने के लिए प्रोत्साहित किया। उनकी विनम्रता, ज्ञान और दूरदृष्टि ने उन्हें एक महान नेता बनाया।

इंदिरा गांधी: भारत की पहली महिला प्रधान मंत्री के रूप में, उन्होंने कई चुनौतीपूर्ण परिस्थितियों में देश का नेतृत्व किया। उनके दृढ़ निर्णय लेने की क्षमता और राजनीतिक कौशल ने उन्हें एक शक्तिशाली और प्रभावशाली नेता बनाया।

नेल्सन मंडेला: दक्षिण अफ्रीका के रंगभेद विरोधी आंदोलन के एक प्रतिष्ठित नेता, उन्होंने दशकों तक जेल में बिताने के बाद भी शांति और सुलह का मार्ग चुना। उनका क्षमाशील नेतृत्व और सभी के लिए समान अधिकारों की वकालत ने दुनिया भर के लोगों को प्रेरित किया।

ली क्वान यू: सिंगापुर के पहले प्रधान मंत्री के रूप में, उन्होंने एक छोटे से

द्वीप राष्ट्र को एक समृद्ध और विकसित देश में बदल दिया। उनकी दूरदर्शिता, अनुशासित दृष्टिकोण और प्रभावी नीतियों ने सिंगापुर को वैश्विक मंच पर एक महत्वपूर्ण स्थान दिलाया।

ये कुछ ऐसे उदाहरण हैं जिन्होंने अपने मजबूत नेतृत्व गुणों के माध्यम से अपने देशों और दुनिया पर गहरा प्रभाव डाला। इनमें दृढ़ संकल्प, स्पष्ट दृष्टि, लोगों को प्रेरित करने की क्षमता और कठिन परिस्थितियों में भी सही निर्णय लेने का साहस जैसे गुण शामिल थे।

महिला नेतृत्व में विकास

जॉर्जिया मेलोनी महिला नेतृत्व में विकास का प्रतीक हैं। महिला नेतृत्व में विकास का तात्पर्य उस प्रकार के विकास से है जिसमें महिलाएँ अग्रणी भूमिका निभाती हैं। यह विकास समाज या समुदाय की आर्थिक, सामाजिक, राजनीतिक और अन्य सभी क्षेत्रों में सक्रिय भूमिका निभाने को संदर्भित करता है। महिला नेतृत्व में विकास के अंतर्गत महिलाएँ केवल विकास की लाभार्थी ही नहीं होतीं, बल्कि वे नेतृत्वकर्ता के रूप में भी कार्य करती हैं, जैसे नीति निर्माण, प्रबंधन इत्यादि में महत्वपूर्ण भूमिका निभाती हैं। ऐतिहासिक रूप से, विकास के विभिन्न पहलुओं में महिलाओं की भागीदारी और योगदान को सीमित किया गया है। महिला नेतृत्व में विकास से लैंगिक असमानताएं दूर होंगी और महिलाओं की भागीदारी बढ़ेगी।

महिलाओं की उन्नति के लिए संयुक्त राष्ट्र की प्रतिबद्धता भी 1945 से शुरू हुई, जब संयुक्त राष्ट्र चार्टर पर हस्ताक्षर किए गए। इसकी प्रस्तावना में मौलिक मानव अधिकारों में मानव व्यक्ति की गरिमा और महत्व में पुरुषों और महिलाओं, बड़े और छोटे राष्ट्रों के अधिकारों के सम्मान की घोषणा की गई। हाल ही में, भारत ने अपनी G20 अध्यक्षता के दौरान 6 केंद्रीय बिंदुओं को चिह्नित किया, जिनमें से एक "महिला नेतृत्व में विकास" था। वर्तमान समय में नेतृत्वकारी भूमिका में महिलाओं की धारणा में महत्वपूर्ण परिवर्तन आया है। अनेक चुनौतियों का सामना करने के बावजूद, महिलाओं ने दुनिया भर के विभिन्न क्षेत्रों में बाधाओं को तोड़ते हुए असाधारण नेतृत्व क्षमताओं का प्रदर्शन किया है। इसलिए आज नेतृत्व की भूमिका में महिलाओं को देखा जा रहा है। महिला नेतृत्व में हमारी भी सामूहिक ज़िम्मेदारी है।

हम भी व्यक्तिगत स्तर पर हर इंसान, चाहे वह महिला हो या पुरुष, महिला नेतृत्व में विकास को बढ़ावा देने में अपनी भूमिका निभा सकते है। महिलाओं का मनोबल हमेशा बढ़ाना चाहिए। इंसान को अपना व्यक्तिगत कर्तव्य मानते हुए महिलाओं को आगे बढ़ने में सहायता करनी चाहिए। महिलाओं की भूमिका को हर क्षेत्र में सक्रिय रूप से बढ़ाने के लिए प्रयास किए जाने चाहिए। जागरूक व्यक्ति के रूप में हमारा यह दायित्व है कि हम सुनिश्चित करें कि महिलाओं के नेतृत्व विकास हेतु उचित वातावरण का निर्माण करें।

परिवार समाज की सबसे छोटी इकाई है और बच्चों की प्रथम पाठशाला भी, इसलिए बच्चों की सर्वप्रथम शिक्षा घर से ही प्रारंभ होती है। परिवार में बचपन से ही लड़कियों को आगे बढ़ाने के लिए प्रेरित किया जाना चाहिए। बच्चों की परवरिश के समय ही ध्यान रखा जाना चाहिए कि वे लिंग भेद जैसी हीन भावनाओं से दूर रहें। पारिवारिक स्तर पर ही लड़कियों को जीवन में आगे बढ़ने और नेतृत्वशील कार्य करने के लिए प्रेरित किया जाना चाहिए, ताकि प्रारंभिक स्तर से ही उनकी मानसिकता खुद को लेकर शंका और हीनभावना से भरी न रहे।

पारिवारिक स्तर से ही महिलाओं को हर क्षेत्र में आगे बढ़ने के लिए प्रेरित किया जाना चाहिए, जिनमें पुरुषों का एकाधिकार समझा जाता है और महिलाओं को उनके लिए सामान्यतः कम योग्य समझा जाता है, जैसे कि खेलकूद, राजनीति, व्यवसाय और उच्च स्तर की शिक्षा इत्यादि। परिवार के स्तर पर लगातार मनोबल बढ़ाना चाहिए, ताकि वे अपने आप को अकेला महसूस न करें। घर की जिम्मेदारियों को एकमात्र महिलाओं की जिम्मेदारी समझने की बजाय, सभी परिवार के सदस्यों को जिम्मेदारी उठानी चाहिए ताकि महिलाएं भी अन्य क्षेत्रों में अपने आप को आगे बढ़ाने का प्रयास कर सकें। अधिकांशतः बचपन से ही घर के कार्यों में हाथ बंटाने की जिम्मेदारी बालिकाओं और महिलाओं पर ही होती है,

जिसकी वजह से उनका सर्वांगीण विकास नहीं हो पाता और वे अपनी व्यक्तिगत क्षमताओं पर कार्य करने से पीछे रह जाती हैं। इसके कारण वे स्वयं को उन क्षेत्रों में आगे बढ़ाने के काबिल नहीं समझतीं जो सामान्यतः पुरुषों के क्षेत्र समझे जाते हैं। इसका यह अर्थ नहीं है कि महिलाओं में उन क्षेत्रों में आगे बढ़ने की क्षमताएं नहीं हैं या नेतृत्व कौशल सीखने की क्षमता नहीं है। लेकिन बचपन से ही उनके अंदर इस प्रकार की मानसिकता का निर्माण कर दिया जाता है कि वे अपनी क्षमताओं को पहचान नहीं पातीं और स्वयं को मुख्यतः घरेलू कार्यों से ही जोड़कर देखती हैं और उसे ही अपनी प्राथमिक जिम्मेदारी मानती हैं।

इस प्रकार की मानसिकता किसी भी प्रकार से एक राष्ट्र के विकास के हित में नहीं है क्योंकि संपूर्ण विश्व की लगभग आधी आबादी महिलाओं की है और यदि वह हर क्षेत्र में बढ़-चढ़कर आगे आए तो उनका योगदान अपने राष्ट्र को हर स्तर से सामाजिक, आर्थिक, राजनीतिक रूप से आगे ले जाने में रहेगा। विकास के इस आधुनिक दौर में आज भी संभवतः हर परिवार की पहली चाहत लड़का ही होता है। इस प्रकार की मानसिकता निश्चित तौर पर लड़कियों के लिए घातक साबित होती है। इस प्रकार की मानसिकता ही उनके बचपन, लालन-पालन, शिक्षा और उनके सर्वांगीण विकास पर बुरा प्रभाव डालती है। इसलिए महिला नेतृत्व में विकास के लिए सर्वप्रथम पारिवारिक स्तर पर सुधार की जरूरत है।

एक लड़की का महत्व भी लड़के के जितना ही मानते हुए उसका पालन पोषण तथा उसे जीवन के हर क्षेत्र में आगे बढ़ाने का प्रयास किया जाना चाहिए। सर्वप्रथम परिवार के स्तर से ही महिलाओं संबंधी संपूर्ण पूर्वाग्रहों तथा लिंग के स्तर पर भेदभाव इत्यादि की समाप्ति होना अत्यधिक जरूरी है। आज भी असमानता और लिंग आधारित रूढ़िवादिता समाज में मौजूद हैं, जिनको तोड़ने में समाज का महत्वपूर्ण योगदान हो सकता है।

समाज की सामूहिक जिम्मेदारी है कि वह महिला नेतृत्व के विकास को प्रोत्साहित करे और समाज की महिलाओं की योग्यताओं को पहचाने, उन्हें प्रोत्साहित करे और उचित अवसर प्रदान करे ताकि वे अपनी क्षमताओं का बेहतर प्रदर्शन कर सकें। समाज को महिला नेतृत्व का स्वागत करना चाहिए क्योंकि यह संपूर्ण विश्व में प्रगति का प्रतीक होगा। समाज का कर्तव्य बनता है कि वह महिलाओं की प्रगति में अपना योगदान दे। जैसे-जैसे समाज शिक्षित होता जा रहा है, महिलाओं को सामाजिक प्रोत्साहन भी मिल रहा है।

हालाँकि, अभी भी सुधार की अत्यधिक आवश्यकता है और एक ऐसा सामाजिक वातावरण निर्माण करने की आवश्यकता है जिसमें महिलाएं आत्म-संशय और हीन भावना से दूर रह सकें और किसी भी क्षेत्र में आगे बढ़ने में कोई बाधा महसूस न करें। महिला नेतृत्व में विकास को आगे बढ़ाने के लिए परिवार और समाज के बाद महत्वपूर्ण भूमिका संपूर्ण विश्व के शासकों की होती है। शासन के माध्यम से महिलाओं के लिए बेहतर नीति निर्माण करके महिला नेतृत्व में विकास को प्रोत्साहित किया जा सकता है।

संपूर्ण विश्व का संचालक संयुक्त राष्ट्र संघ को माना जाता है, और विश्व के देशों द्वारा संयुक्त राष्ट्र संघ के दिशा-निर्देशों का पालन करना एक महत्वपूर्ण कर्तव्य है। इसीलिए, संयुक्त राष्ट्र संघ की महत्वपूर्ण भूमिका हो जाती है महिला नेतृत्व विकास को बढ़ावा देने में। सयुक्त राष्ट्र संघ ने भी इस मुद्दे पर समय-समय पर ध्यान दिया है। इसी कड़ी में, जुलाई 2010 में संयुक्त राष्ट्र वूमेन की स्थापना की गई, जिसका उद्देश्य लैंगिक असमानताओं को दूर करना और महिलाओं को हर क्षेत्र में आगे बढ़ाने के लिए तत्परता के साथ कार्य करना है। संपूर्ण विश्व के स्तर पर, जहां संयुक्त राष्ट्र संघ महिला नेतृत्व में विकास के लिए योगदान देने की दिशा में प्रयासरत है, वहां विश्व के प्रत्येक देश में भी महिला नेतृत्व में विकास के लिए बेहतर नीति निर्माण की अपेक्षा की जाती है।

प्रत्येक देश के विकास एजेंडा में महिला नेतृत्व में विकास एक केंद्रीय बिंदु के रूप में शामिल होना चाहिए। सरकारों का दायित्व बनता है कि वे शिक्षा, पोषण, और हर स्तर पर महिलाओं को आगे बढ़ाने के लिए विशेष प्रयास करें। महिलाओं के केंद्रित नीतियां बनाएं और उन्हें उद्योग, राजनीति, खेल आदि क्षेत्रों में प्रोत्साहित करें, ताकि वे इन क्षेत्रों में सक्रिय भागीदारी कर सकें और राष्ट्र विकास में अपना योगदान दे सकें।

दुनिया भर में महिलाएं शासन के क्षेत्र में भी आगे आ रही हैं और अपनी क्षमताओं के माध्यम से बेहतर शासन की ओर कदम बढ़ा रही हैं। हालाँकि, पुरुषों की आबादी के समान होने के बावजूद, राजनीति जैसे क्षेत्रों में महिलाओं का प्रतिशत अभी भी कम है। इसे बढ़ाने के लिए महिलाओं को राजनीति में आरक्षण देने पर विचार किया जाना चाहिए, जिससे उन्हें प्रमुख नेतृत्वकर्ता के रूप में अवसर प्राप्त हो सकें और उनकी राजनीति में भागीदारी बढ़ सके।

परिवार, समाज, और शासन-प्रशासन की भूमिका महिला नेतृत्व में विकास के लिए अत्यंत महत्वपूर्ण है, लेकिन इनमें से सर्वाधिक प्रोत्साहन का कार्य स्वयं महिलाओं द्वारा किया जा सकता है। महिलाओं के संगठन में शक्ति होती है, इसलिए उनका पहला दायित्व बनता है कि वे अपने समुदाय को आगे बढ़ाने के लिए प्रोत्साहित करें। हर महिला अपने जीवन में अनेक रिश्तों से जुड़ी होती है, जिसमें सबसे अहम रिश्ता मां का होता है। दुनिया की प्रत्येक मां का एक कर्तव्य बनता है कि वह पितृसत्तात्मक मानसिकता का त्याग करके अपनी बेटियों को हर क्षेत्र में आगे बढ़ने के लिए प्रोत्साहित करें। जब यह प्रक्रिया घर से ही शुरू होगी, तभी व्यापक स्तर पर महिला नेतृत्व को आगे बढ़ाने में सफलता प्राप्त की जा सकेगी। मां को बचपन से ही घर के काम में हाथ बंटाने के लिए केवल बेटियों से उम्मीद नहीं करनी चाहिए, बल्कि समान रूप से बेटों को भी घर के काम में हाथ बंटाना सिखाना चाहिए।

सामान्यतः घरों में यह देखा जाता है कि घरेलू काम में हाथ बंटाने के लिए लड़कियों को ही कहा जाता है, क्योंकि कहीं न कहीं प्रत्येक महिला की मानसिकता में यह सोच बैठी हुई है कि घरेलू कार्य केवल महिलाएं ही सही से कर सकती हैं। इस मानसिकता के कारण ही यह विचार मजबूत होता है कि महिलाएं बाहरी काम करने के लिए उतनी सक्षम नहीं होतीं जितने पुरुष होते हैं। इसलिए, हर घर की महिलाओं को यह जिम्मेदारी लेनी चाहिए कि वे ऐसी मानसिकताओं से बाहर निकलें और लड़कियों को हर क्षेत्र में आगे बढ़ने के लिए प्रोत्साहित करें। इससे बच्चों के पालन-पोषण से ही लिंग भेद और असमानता जैसी रूढ़िवादी सोच को समाप्त करने में आसानी होगी।

जब शुरुआती स्तर से ही ऐसी सोच पर नियंत्रण नहीं किया जाता है, तो यह संपूर्ण समाज की मानसिकता में गहराई से समा जाती है और एक पितृसत्तात्मक मानसिकता की स्थापना होती है। यही मानसिकता महिलाओं के हर क्षेत्र में आगे बढ़ने में बाधा डालती है। इसलिए, महिला समुदाय का यह दायित्व बनता है कि वे इस प्रकार की मानसिकता को समाप्त करने के लिए प्रारंभिक स्तर से ही सकारात्मक प्रयास करें, ताकि समाज में महिला और पुरुष के बीच समानता स्थापित हो सके।

महिलाओं को हर स्तर पर, जैसे राजनीति, सामाजिक, और आर्थिक क्षेत्रों में, अन्य महिलाओं द्वारा प्रोत्साहित किया जाना चाहिए। इससे महिलाओं का आत्मविश्वास बढ़ेगा और उन्हें यह एहसास रहेगा कि उनके पीछे एक महिला शक्ति संगठन है। जब महिलाओं को महिलाओं द्वारा आगे बढ़ाने के लिए प्रोत्साहन मिलता है, तो यह उनके जीवन में आगे बढ़ने के लिए प्रेरक के रूप में कार्य करता है।

महिला नेतृत्व में विकास के लिए कार्यस्थल पर एक सहयोगात्मक वातावरण भी एक महत्वपूर्ण भूमिका निभाता है। समाज के प्रत्येक क्षेत्र में, सामाजिक, आर्थिक, और राजनीतिक रूप से कार्यरत महिलाओं के लिए

एक सहयोगात्मक वातावरण बनाए जाने की आवश्यकता है, जिससे महिलाएं सुरक्षित और प्रोत्साहित महसूस कर सकें। प्रोत्साहित महसूस कर सकें। महिला नेतृत्व के विकास में पुरुषों की भी महत्वपूर्ण भूमिका होती है। पुरुषों को यह स्वीकार करना चाहिए कि महिलाओं को भी प्रत्येक क्षेत्र में आगे बढ़ने का समान अधिकार है। महिलाओं को आगे बढ़ाने के लिए पुरुषों को उन्हें प्रोत्साहित करना चाहिए। और घरेलू कार्यों का बोझ साझा करते हुए दूसरों को भी घरेलू कार्य में हाथ बंटाने के लिए प्रेरित करना चाहिए। पुरुषों का यह कर्तव्य बनता है कि वे महिलाओं की मानसिक, भावनात्मक, और भौतिक सुरक्षा प्रदान करें।

"पुरुषों को अपने व्यक्तित्व का निर्माण इस प्रकार करना चाहिए कि महिलाएं उनके साथ सुरक्षित महसूस करें।"

वर्तमान समय में धीरे-धीरे महिलाओं की हिस्सेदारी हर क्षेत्र में बढ़ रही है, लेकिन कार्यस्थलों पर महिलाओं का प्रतिशत पुरुषों की अपेक्षा कम ही रहता है। इसलिए, आवश्यक है कि पुरुषों का व्यवहार इस प्रकार का हो कि महिलाएं वहां सुरक्षित महसूस करें। इससे कार्यस्थल पर महिलाओं के साथ दुर्व्यवहार की घटनाएं कम होंगी। समाज में यह धारणा सुनने को मिलती है कि कार्यस्थल महिलाओं के लिए सुरक्षित नहीं है और इसलिए महिलाओं को कार्य नहीं करना चाहिए। किंतु यह धारणा पूरी तरह गलत है। कार्यस्थल महिलाओं के लिए सुरक्षित नहीं होता क्योंकि महिलाओं की भागीदारी कम होती है।

जैसे-जैसे समाज के प्रत्येक क्षेत्र में महिलाओं की भागीदारी बढ़ेगी, वैसे-वैसे इस प्रकार की घटनाएं कम होंगी, क्योंकि भागीदारी बढ़ने से महिलाएं अपने ऊपर दबाव महसूस नहीं करेंगी और कार्यस्थल पर खुद को अधिक सहज महसूस करेंगी। इस प्रकार, महिला नेतृत्व में विकास के लिए समाज के प्रत्येक व्यक्ति की भूमिका महत्वपूर्ण होती है, साथ ही शासन-प्रशासन की

भी एक अहम भूमिका रहती है। एक संयुक्त प्रयास के माध्यम से ही महिला नेतृत्व में विकास को बढ़ावा दिया जा सकता है।

महिला नेतृत्व में विकास के महत्व को विभिन्न रूपों में देखा जा सकता है, जैसे-

1. समावेशी निर्णय निर्माण

महिलाओं के नेतृत्व में विकास समावेशी निर्णय निर्माण की संरचनाओं को बढ़ावा देता है, जिसके तहत सामुदायिक योजना, संसाधन आवंटन, और नीति निर्माण में महिलाओं को भी शामिल किया जाता है। यह समावेश विभिन्न आवश्यकताओं और दृष्टिकोणों को संबोधित करने में सहायता करता है, जो बेहतर नीति निर्माण का आधार बनता है। इस प्रकार, महिलाओं के दृष्टिकोण को भी पुरुषों के दृष्टिकोण के समान महत्व दिया जाता है।

2. सामुदायिक विकास

जब महिलाओं की संसाधनों तक पहुंच होती है, तो वे परिवार और समुदाय की शिक्षा और स्वास्थ्य पर निवेश करती हैं। इससे सामुदायिक विकास में महत्वपूर्ण योगदान होता है।

3. सतत विकास

महिला नेतृत्व में विकास को सतत विकास के लक्ष्यों के साथ जोड़ा जाता है। महिलाओं की सक्रिय भागीदारी से सतत विकास के उद्देश्यों की प्राप्ति में सहायता मिलती है।

4. गुणक प्रभाव

महिला नेतृत्व में विकास का अर्थव्यवस्था पर गुणक प्रभाव देखने को मिलता है।

कार्यबल में महिला भागीदारी को बढ़ाकर और लैंगिक असमानताओं को दूर करके सकल घरेलू उत्पाद (GDP) में निश्चित सुधार किया जा सकता है। इस विषय पर अनेक रिपोर्टें भी प्रकाशित हो चुकी हैं।

“इस प्रकार, महिला नेतृत्व में विकास केवल सामाजिक और आर्थिक दृष्टिकोण से ही नहीं, बल्कि समग्र विश्व की उन्नति के लिए भी अत्यंत महत्वपूर्ण है।"

महिलाओं के लिए प्रेरणा स्रोत

जॉर्जिया मेलोनी केवल इटली की ही नहीं, बल्कि संपूर्ण विश्व की महिलाओं के लिए एक प्रेरणा स्रोत हैं। पितृसत्तात्मक मानसिकता के चलते आज भी महिलाएं कहीं कम और कहीं ज्यादा, लेकिन सामान्यतः कमजोर ही मानी जाती हैं। महिलाओं से साहस और नेतृत्वशील कार्यों की अपेक्षा कम ही की जाती है, जिसके कारण उन्हें अवसर भी कम मिलते हैं। लेकिन जॉर्जिया ने बहुत से पूर्वाग्रहों को तोड़ते हुए अपने देश की पहली महिला प्रधानमंत्री बनकर इतिहास रचा। यह इस बात का प्रमाण है कि महिलाएं भी साहसिक और नेतृत्वशील कार्यों को बखूबी कर सकती हैं। इसलिए महिलाओं को हर स्तर पर अपने आप को साबित करने के लिए अवसर दिए जाने चाहिए।

विश्व में लगभग 195 देश हैं, जिनमें से कुछ गिने-चुने देशों जैसे म्यांमार, श्रीलंका, बांग्लादेश, नेपाल, ऑस्ट्रिया, न्यूजीलैंड आदि में कभी न कभी या वर्तमान समय में महिलाओं ने शीर्ष नेतृत्व संभाला है। भारत में भी आजादी के बाद से अब तक लगभग 75 वर्षों में एकमात्र महिला प्रधानमंत्री इंदिरा गांधी रही हैं। इटली के इतिहास पर गौर करें तो 2022 में पहली महिला पीएम बनी हैं। इससे स्पष्ट है कि महिलाओं की राजनीति जैसे क्षेत्र में अभी भी भागीदारी बहुत कम है। आज भी राजनीति में पुरुषों का वर्चस्व बना हुआ है। दुनिया के सबसे ताकतवर देश अमेरिका में भी अब तक कोई महिला राष्ट्रपति नहीं रही है।

"इस प्रकार, यह कहना अतिशयोक्ति नहीं होगा कि महिलाएं राजनीति जैसे महत्वपूर्ण क्षेत्र से आज भी काफी हद तक दूर हैं।" जबकि वैश्विक स्तर पर महिलाओं की जनसंख्या लगभग 50% है, अर्थात विश्व की आधी आबादी महिलाएं हैं, फिर भी महिलाओं की भागीदारी लगभग हर क्षेत्र में पुरुषों की तुलना में बहुत कम है।

जॉर्जिया मेलोनी के लंबे राजनीतिक सफर से संपूर्ण विश्व की महिलाओं को प्रेरणा मिलती है कि **"जीवन में धैर्य रखने और निरंतर परिश्रम करने से ही सफलता प्राप्त की जा सकती है।"** यदि आपका परिश्रम निरंतर जारी रहे, तो सफलता प्राप्त करना निश्चित है। जॉर्जिया संपूर्ण विश्व की महिलाओं के लिए एक रोल मॉडल हैं। उन्होंने महिलाओं की क्षमता, साहस, और नेतृत्व कौशल का एक उत्कृष्ट उदाहरण पेश किया। उनके संघर्ष भरे सफर से मिली सफलता ने महिलाओं को जीवन में आगे बढ़ने के लिए अत्यधिक प्रोत्साहन दिया। उनकी सफलता की कहानी ने यह भी विश्वास दिलाया कि महिलाएं भी हर क्षेत्र में बेहतर प्रदर्शन कर सकती हैं। उनके जीवन और उनकी सफलताओं से महिलाओं को बहुत प्रेरणा मिलती है, जैसे:-

स्वतंत्र व्यक्तित्व निर्माण

जॉर्जिया मेलोनी स्वयं एक स्वतंत्र व्यक्तित्व का बेहतरीन उदाहरण हैं और उनसे यह सीख मिलती है कि महिलाओं को अपना स्वतंत्र व्यक्तित्व निर्माण करना चाहिए। स्वतंत्र व्यक्तित्व निर्माण का तात्पर्य है कि व्यक्ति अपने विचारों, आदतों, और व्यवहार का स्वयं निर्धारण कर सके, किसी बाहरी दबाव या प्रभाव के बिना। स्वतंत्र व्यक्तित्व निर्माण के लिए आवश्यक है कि व्यक्ति आत्मनिर्भर, स्वावलंबी, जिम्मेदार, और स्वतंत्र चिंतन वाला हो।

नए क्षेत्र में आगे बढ़ना

महिलाओं को जॉर्जिया मेलोनी से प्रेरणा मिलती है कि उन्हें जीवन में नए क्षेत्रों में आगे बढ़ने का साहस दिखाना चाहिए। इटली की तरह, विश्व भर में महिलाएं सामान्यतः राजनीति में उतनी सक्रिय नहीं होतीं। फिर भी, जॉर्जिया ने अपने ऊपर इस तरह के विचारों को हावी नहीं होने दिया कि राजनीति में महिलाओं को अधिक सक्रिय नहीं होना चाहिए।

उन्होंने निरंतर सक्रिय रहकर और नए क्षेत्र में सफल होकर महिलाओं के लिए एक प्रेरणास्त्रोत बन गईं।

राजनीति में भविष्य तलाशने की प्रेरणा

अब समय आ गया है कि महिलाएं राजनीति में अपने भविष्य की तलाश करें। उन्हें राजनीति जैसे क्षेत्र में बढ़-चढ़कर भाग लेना चाहिए और अपने आप को कम नहीं समझते हुए बेहतर राजनीतिज्ञ बनने में सफलता प्राप्त करनी चाहिए। जैसा कि विश्व भर में महिलाओं का राजनीति में प्रतिनिधित्व बढ़ रहा है, इसे देखते हुए कहा जा सकता है कि राजनीति महिलाओं के लिए करियर बनाने का एक अच्छा विकल्प हो सकता है।

एक मजबूत महिला बनने की प्रेरणा

जॉर्जिया मेलोनी से संपूर्ण विश्व की महिलाओं को यह प्रेरणा मिलती है कि उन्हें हर स्तर पर एक मजबूत इंसान बनना चाहिए। जीवन में अपनी क्षमताओं को बढ़ाने के लिए नई-नई चुनौतियों को स्वीकार करना और उन्हें पूरा करने के लिए पूरी मेहनत करना आवश्यक है। जॉर्जिया ने अपने जीवन में कई चुनौतियों को स्वीकार किया, जैसे कि स्वयं का दल बनाना और उसका सफलतापूर्वक नेतृत्व करना। यह उनकी सफलता का प्रमाण है कि कठिनाइयों को पार करके ही एक मजबूत महिला बना जा सकता है। इसलिए जीवन में कठिनाइयों से घबराना नहीं चाहिए, उनका सामना करते हुए जीवन में आगे बढ़ना चाहिए।

जॉर्जिया मेलोनी ने अपने एक प्रसिद्ध भाषण में कहा,..... "मैं एक महिला हूं,..... मैं एक मां हूं... मैं जॉर्जिया हूं।" जॉर्जिया मेलोनी गर्व के साथ अपनी पहचान एक महिला के रूप में रखती हैं क्योंकि वे महिला शक्ति की ताकत को जानती हैं।

महिलाओं को अपने आप पर गर्व महसूस करना चाहिए क्योंकि महिलाएं संसार की सृजनकर्ता होती हैं। जॉर्जिया मेलोनी अपनी एक महिला और माँ के रूप में पहचान गर्व से प्रस्तुत करती है, जो कि महिलाओं को आत्म-सम्मान और आत्म-प्रेम की प्रेरणा देती है।

सशक्त और स्पष्ट विचार

जॉर्जिया मेलोनी स्पष्ट विचार रखने वाली, सशक्त और निर्णायक महिला हैं। इसी प्रकार, महिलाओं को भी अपने जीवन में सशक्त और निर्णायक इंसान बनने की कोशिश करनी चाहिए। उनके विचार उनके अपने होने चाहिए, चाहे उनका आधार अनुभव हो या कहीं से प्राप्त ज्ञान पर आधारित हो। किसी भी बाहरी दबाव या नियंत्रण को अपने विचारों पर हावी नहीं होने देना चाहिए।

ग्लास सीलिंग इफ़ेक्ट तोड़ने की प्रेरणा

ग्लास सीलिंग एक अदृश्य बाधा है जो महिलाओं को पुरुषों से कम योग्य मानती है और उन्हें उच्च पदों पर नहीं पहुँचने देती। यह मुख्यतः पितृसत्तात्मक मानसिकता और पूर्वाग्रहों पर आधारित है। दिवंगत अमेरिकी प्रबंधन सलाहकार **'मर्लिन लेडिन'** ने 1978 में पहली बार इस अवधारणा का उपयोग किया, जब उन्होंने महिलाओं के करियर में प्रगति पर चर्चा की। जॉर्जिया मेलोनी ने इस ग्लास सीलिंग को तोड़ते हुए उच्च पद पर पहुँचकर महिलाओं को प्रेरित किया है।

लिंग आधारित भेदभाव को तोड़ना

समाज में लिंग आधारित भेदभाव की जड़ें अत्यधिक गहरी और व्यापक हैं, और इसी आधार पर समाज में कार्यों का विभाजन किया गया है।

आदिकाल से बाहरी कार्य पुरुषों को सौंपे गए हैं, और जब महिलाएं समाज में पुरुषों के समान बाहरी कार्यों में सक्रिय होती हैं, तो समाज इसे सहजता से स्वीकार नहीं करता। ...... "वर्तमान समय को '**संक्रमण काल**' कहना सही होगा, जहाँ महिलाएं लिंग भेदभाव को तोड़ते हुए समाज में आगे बढ़ रही हैं। इस परिवर्तन को स्वीकार करना समाज के लिए आसान नहीं है, लेकिन यह आवश्यक है।"

महिला सशक्तिकरण

महिला सशक्तिकरण से तात्पर्य है महिलाओं में आत्म-सम्मान, आत्मनिर्भरता, और आत्मविश्वास जगाना। जॉर्जिया मेलोनी जैसी अनेक महिलाएं महिला सशक्तिकरण का प्रतीक बनी हैं। महिलाओं को अपने अधिकारों और कर्तव्यों के प्रति सजग होना ज़रूरी है। इससे महिलाएं सशक्त बनती हैं और अपने जीवन से जुड़े फैसले स्वयं ले सकती हैं, साथ ही परिवार और समाज में सम्मानपूर्वक रह सकती हैं। समाज में उनके वास्तविक अधिकारों को प्राप्त करने के लिए उन्हें सक्षम बनाना ही महिला सशक्तिकरण है। इसके तहत महिलाओं के दृष्टिकोण को स्वीकार करना, शिक्षा, जागरूकता, साक्षरता और प्रशिक्षण के माध्यम से महिलाओं की स्थिति ऊपर उठाना शामिल है।

महिला सशक्तिकरण महिलाओं को विभिन्न सामाजिक समस्याओं से संबंधित जीवन निर्धारण निर्णय लेने के लिए सक्षम बनाता है। महिलाओं का सशक्तिकरण बेहतर आर्थिक और सामाजिक परिणाम के लिए महत्वपूर्ण है। महिला सशक्तिकरण प्राप्त करना सतत विकास को सुनिश्चित करने में मदद करता है। कई विश्व नेताओं और विद्वानों ने तर्क किया है कि लैंगिक समानता और महिला सशक्तिकरण के बिना सतत विकास संभव नहीं है। सतत विकास पर्यावरण संरक्षण, सामाजिक, और आर्थिक विकास को स्वीकार करता है, जिसमें महिला सशक्तिकरण भी शामिल है।

डॉ. भीमराव अंबेडकर ने कहा था कि यदि किसी समाज की प्रकृति के बारे में सही-सही जानना है, तो उस समाज की स्त्रियों की स्थिति के बारे में जानना चाहिए। क्योंकि कोई समाज कितना मजबूत हो रहा है, इसका अंदाजा इस बात से लगाया जा सकता है कि उस समाज की स्त्रियों की स्थिति क्या है।

बिना उन्हें साथ लिए कोई भी समाज, राष्ट्र, और विश्व आगे नहीं बढ़ सकता। **"स्त्री हमेशा से ही हर संस्कृति के केंद्र में रही है, लेकिन केंद्र से दूर रही है।"**

सिमोन द बोउआर का कथन है, 'स्त्री पैदा नहीं होती, बनाई जाती है।" समाज अपनी आवश्यकताओं के अनुसार स्त्री को ढालता आया है, उसके सोचने से लेकर उसके जीवन जीने के ढंग तक को नियंत्रित करता आया है, और वर्तमान समय में भी यही स्थिति देखने को मिलती है। पितृसत्तात्मक समाज ने सब कुछ अपने अनुसार तय किया है। समूचा विश्व पितृसत्तात्मक समाज के ढांचे में रहता आया है। महिला सशक्तिकरण का तात्पर्य यह भी नहीं है कि पितृसत्तात्मक समाज को मातृसत्तात्मक समाज में परिवर्तित कर दिया जाए।

विश्व की कुछ जनजातियां, जैसे भारत की खासी, चीन की मोसुओ, कोस्टा रिका की ब्राइब्री जनजाति, और न्यू गिनी की नागोवसी जनजाति, मातृसत्तात्मक हैं। इन समाजों में महिलाएं राजनीति, व्यवस्था, और सामाजिक क्रियाकलापों से जुड़े निर्णय लेती हैं। यदि समाज को स्वस्थ दिशा में आगे बढ़ाना है, तो समाज को पितृसत्तात्मक या मातृसत्तात्मक होने की बजाय निष्पक्ष होना चाहिए। इससे एक बेहतर सामाजिक संरचना तैयार होगी और सही मायनों में पुरुष और स्त्री समान रूप से सशक्त होंगे।

विश्व में नारी आंदोलन की नींव 19वीं शताब्दी में रखी गई थी। पश्चिमी देश उस दौर में आंदोलन में भागीदार बने। जब नारी आंदोलन सामने आया, तब महिला सशक्तिकरण की अवधारणा को प्रमुखता से प्रस्तुत किया गया। इसलिए, महिला सशक्तिकरण को समझने के लिए नारी आंदोलन को भी समझना अत्यंत आवश्यक है। नारी आंदोलन की शुरुआत समाज द्वारा नारी को निम्न दर्जा देने के खिलाफ हुई। नारीवाद का प्रमुख सिद्धांत यह है कि पितृसत्तात्मक समाज में स्त्री को समान दर्जा प्राप्त नहीं है।

यही संरचना उसके जीवन जीने के नियम और स्वरूप को निर्धारित करती है और स्त्री के स्वतंत्र अस्तित्व को नकारती है।...... "नारी आंदोलन किसी पुरुष के खिलाफ नहीं है, बल्कि यह पितृसत्तात्मक विचारधारा का पुरजोर विरोध करता है।" यह आंदोलन मानता है कि स्त्री को भी पुरुष के बराबर सम्मान, अधिकार, और अवसर मिलना चाहिए। नारी आंदोलन लैंगिक असमानताओं के स्थान पर यह अवधारणा मानता है कि स्त्री भी एक मनुष्य है, और सृष्टि के निर्माण में उसका भी उतना ही योगदान है जितना कि पुरुष का। इसलिए महिलाएं भी सामाजिक संरचना में समानता की हकदार हैं।

नारी आंदोलन के तीन प्रमुख चरण रहे हैं:-

पहला चरण - 19वीं सदी के उत्तरार्ध और 20वीं सदी की शुरुआत में, अमेरिका के शहरी उदारवादी और औद्योगिक माहौल में महिला समानता का मुद्दा व्यक्तिगत रूप से उठाया गया। इस समय में मताधिकार, राजनीतिक, सामाजिक और सांस्कृतिक असमानताओं से मुक्ति, आदि संघर्ष के मुख्य विषय थे।

दूसरा चरण - 1960 के दशक से शुरू हुआ। इसमें यह पहचान की गई कि कानून और वास्तविक असमानताएं आपस में जटिलता से जुड़ी हुई हैं और इन्हें दूर किया जाना चाहिए।

तीसरा चरण - 1990 के दशक से प्रारंभ हुआ। इसमें दूसरी लहर के द्वारा नारीत्व की दी गई परिभाषा को चुनौती दी गई और वैश्विक रूप से नारीवाद को नए दृष्टिकोण से देखने का प्रयास किया गया।

इसमें दूसरी लहर के द्वारा नारीत्व की दी गई परिभाषा को चुनौती दी गई और वैश्विक रूप से नारीवाद को नए दृष्टिकोण से देखने का प्रयास किया गया।

महिलाओं को आज लगभग सभी क्षेत्रों में कानूनी रूप से समानता प्राप्त है, लेकिन इस समानता की प्राप्ति के लिए वे आज भी संघर्षरत हैं। सामाजिक रूप से, हमारे समाज का मूल पितृसत्तात्मक ढांचा आज भी मौजूद है। ग्रामीण क्षेत्रों में पितृसत्तात्मक ढांचा आज भी बहुत मजबूत है। धर्म भी कई बार इसमें अपनी भूमिका निभाता है; उदाहरण के लिए, धार्मिक स्थलों पर महिलाओं के प्रवेश को वर्जित करना इसका एक उदाहरण है। धर्म, जाति, रूढ़िवाद, और अंधविश्वास के चलते महिलाओं का शोषण और भी बढ़ जाता है।

महिला सशक्तिकरण को विभिन्न आयामों में समझा जा सकता है, जिनमें शामिल हैं:

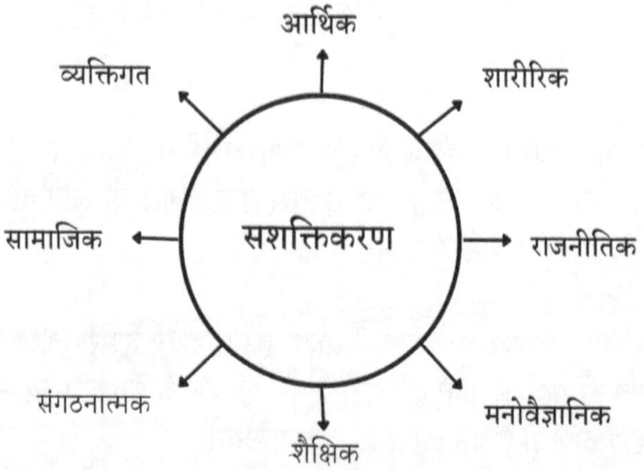

व्यक्तिगत रूप से सशक्तिकरण

सिर्फ घर से बाहर निकलकर पुरुषों के समान कार्य करना ही सशक्त होना नहीं है, बल्कि इसका मतलब यह भी है कि महिलाएं अपने जीवन के निर्णय स्वयं ले सकती हैं और इसके लिए उन्हें किसी और पर निर्भर नहीं रहना पड़ता है। व्यक्तिगत रूप से सशक्त होना अच्छे मानसिक स्वास्थ्य का एक महत्वपूर्ण घटक है। जब एक व्यक्ति व्यक्तिगत तौर पर अपने आप को सशक्त महसूस करता है, तो वह अपने निर्णय स्वयं लेने और अपने जीवन पर नियंत्रण रखने के लिए खुद को योग्य और आत्मविश्वास से भरा हुआ महसूस करता है। वह अपने लिए प्राप्त किए जा सकने योग्य लक्ष्य निर्धारित करने हेतु स्वयं को सक्षम समझता है। व्यक्तिगत सशक्तिकरण के उच्च स्तर आमतौर पर आत्मविश्वास और आत्मसम्मान जैसे गुणों से जुड़े होते हैं। यदि आप व्यक्तिगत रूप से सशक्त हैं, तो आपको किसी और की ज़रूरत नहीं होती जो आपको यह विश्वास दिलाए कि आप कुछ भी हासिल कर सकते हैं।

एक सशक्त व्यक्ति अपनी ताकत और कमजोरियों को अच्छी तरह समझता है और अपनी कमजोरियों का फायदा किसी को नहीं उठाने देता। वह अपने जीवन को बदलने के लिए ठोस कदम उठाता है। जो खुद को व्यक्तिगत रूप से सशक्त महसूस करते हैं, वे केवल लक्ष्य निर्धारित नहीं करते बल्कि लगातार अपनी इच्छाओं और महत्वाकांक्षाओं पर काम भी करते हैं। व्यक्तिगत रूप से सशक्त होने का मतलब है अपने जीवन को बेहतर बनाने की ज़िम्मेदारी खुद लेना। "व्यक्तिगत रूप से सशक्त इंसान कभी भी अपनी तुलना दूसरों से नहीं करता, बल्कि वह अपने जीवन में अपनी योग्यता और क्षमताओं के अनुसार, और जिस काम को करके उसे खुशी मिलती है, वही काम करना पसंद करता है।" संपूर्ण विश्व की अधिकांश महिलाएं व्यक्तिगत रूप से सशक्त नहीं हैं। वे अपने जीवन से जुड़े निर्णय लेने के योग्य खुद को नहीं समझतीं, जिसका। यह अर्थ नहीं है कि वे योग्य नहीं होतीं।

ऐसा इसलिए होता है क्योंकि उन्हें ऐसा वातावरण मिलता ही नहीं है जो उन्हें आत्मविश्वास महसूस करवा सके और उन्हें व्यक्तिगत रूप से सशक्त होने का आधार प्रदान कर सके।

राजनीतिक रूप से सशक्तिकरण की स्थिति

राजनीति का क्षेत्र इतिहास से लेकर वर्तमान तक पुरुषों के एकाधिकार का क्षेत्र रहा है। महिलाओं का इस पर एकाधिकार कभी भी स्थापित नहीं हुआ, क्योंकि राजनीति न केवल घरेलू मुद्दों को सुलझाने का कार्य है, बल्कि समाज को संचालित करने और दिशा देने का भी कार्य करती है। विश्व के हर कोने में, और समाज में राजनीतिक पदों पर पुरुषों का वर्चस्व बना हुआ है। आदिकाल से चली आ रही पुरुष प्रधान परंपरा अभी भी सतत रूप से कायम है। बहुत कम देश ऐसे हैं जहाँ महिलाओं को राजनीतिक पदों पर देखा जा सकता है। प्रधानमंत्री और राष्ट्रपति जैसे मुख्य पदों पर आज भी कुछ गिने-चुने देशों में ही महिलाएं देखने को मिलेंगी। बाकी अधिकांश देशों में, या लगभग संपूर्ण विश्व में, इन मुख्य पदों पर पुरुष ही देखे जाते हैं। यह स्थिति महिलाओं के राजनीतिक रूप से सशक्तिकरण की स्थिति को उजागर करती है। आज भी राजनीतिक रूप से महिलाओं की भागीदारी बहुत कम है।

आर्थिक रूप से सशक्तिकरण की स्थिति

यदि "महिलाएं आर्थिक रूप से स्वतंत्र नहीं हैं, तो वे कभी भी सशक्त नहीं हो सकतीं।" इसीलिए महिलाओं का आर्थिक रूप से सशक्त होना बहुत ज़रूरी है। महिलाओं का आर्थिक रूप से सशक्त होना उनके पूरे भविष्य का निर्धारण करता है। यदि हम अपने निर्णय स्वयं ले सकते हैं, तो ही हम सही मायने में आज़ाद हैं। लेकिन आर्थिक रूप से पूर्ण सशक्त न होने की वजह से आज भी महिलाओं के जीवन से जुड़े मुख्य निर्णय निर्भरता पर आधारित होते हैं।

प्राचीन काल से ही महिलाएं सामाजिक संरचना के चलते बाहर कम काम करती थीं, जिसकी वजह से उनकी कोई आर्थिक स्वतंत्रता या आधार नहीं था। शुरुआत से ही महिलाएं आर्थिक रूप से अपने घर के पुरुषों जैसे पिता, भाई, पति या पुत्र पर निर्भर रही हैं। आज परिस्थितियां बदल रही हैं। महिलाएं भी घरों से बाहर निकल रही हैं, पढ़-लिख कर सभी क्षेत्रों में आगे बढ़ रही हैं और सरकारी तथा निजी क्षेत्रों में समान वेतन पर कार्य कर रही हैं। किंतु निजी क्षेत्र में कहीं-कहीं उन्हें आज भी भेदभाव का सामना करना पड़ता है, विशेष रूप से वेतन के संदर्भ में इसे दूर करने की ज़रूरत है।

आज भी प्रत्येक आर्थिक क्षेत्र में मुख्य पदों पर महिलाओं की स्थिति बहुत कम देखने को मिलती है। स्वयं का कोई आर्थिक गतिविधि या व्यवसाय स्थापित कर अपने आप को एक बिज़नेस वुमन के रूप में स्थापित करने वाली महिलाओं के नाम उंगलियों पर गिने जा सकते हैं। आज भी मजबूत आर्थिक स्थिति पर केवल पुरुषों का ही वर्चस्व है, जो दर्शाता है कि पुरुष प्रधानता आज भी मौजूद है। महिलाओं की आबादी देखते हुए उनकी भागीदारी आर्थिक गतिविधियों और क्षेत्रों में न के बराबर है।

"इंसान का पेट भरने के बाद ही, इंसान के मन-मस्तिष्क में रचनात्मकता जन्म लेती है।" जो महिलाएं वास्तव में आर्थिक रूप से सशक्त हैं, उनके पास केवल खरीदारी करने और आवश्यकताओं को पूरा करने की क्षमता ही नहीं होती, बल्कि उनके पास आर्थिक रूप से सोचने की क्षमता भी होती है। वे वित्तीय लक्ष्य निर्धारित कर सकती हैं, भविष्य के बारे में समग्र रूप से सोच सकती हैं और वित्तीय तनाव को नियंत्रित कर सकती हैं।

कुल मिलाकर, आर्थिक रूप से महिलाओं का सशक्तिकरण उन्हें आर्थिक रूप से साक्षर (आर्थिक गतिविधियों को प्रबंधित, संचालित करने और निवेश करने में सक्षम होना) बनाने में भी महत्वपूर्ण भूमिका अदा करता है।

शैक्षणिक रूप से महिलाओं का सशक्तिकरण

शैक्षिक रूप से सशक्तिकरण का तात्पर्य है महिलाओं को शिक्षा के क्षेत्र में समान अवसर प्रदान करना, ताकि वे पुरुषों के बराबर उन्नति कर सकें। अक्सर घरों में देखा जाता है कि लड़कों की पढ़ाई को अधिक महत्व दिया जाता है जबकि लड़कियों की शिक्षा को उतना महत्व नहीं मिलता। इसका परिणाम यह होता है कि महिलाएं समाज में शैक्षिक रूप से सशक्त नहीं हो पातीं। **"शिक्षा मानव के बौद्धिक स्तर का विकास करती है और यह बौद्धिक विकास जीवन को बेहतर बनाने के लिए आवश्यक है।"** महिलाओं का शैक्षिक रूप से सशक्त होना उनके अन्य रूपों में सशक्त होने का आधार भी है, जैसे कि आर्थिक, राजनीतिक, और व्यावसायिक क्षेत्र में, क्योंकि एक व्यक्ति का बौद्धिक स्तर जितना उच्च होता है, उसके जीवन में सफल होने की संभावना उतनी ही अधिक होती है। महिलाओं की शिक्षा के प्रयास आधुनिक काल की शुरुआत से ही हुए हैं, और इसका प्रसार अब लगातार बढ़ रहा है। आज ग्रामीण क्षेत्रों में भी महिलाओं को शिक्षा प्रदान की जा रही है।

हालांकि, ग्रामीण क्षेत्रों में आज भी रूढ़िवादिता बनी हुई है, लेकिन पहले की तुलना में अब वहां भी लड़कियों की शिक्षा को महत्व दिया जाने लगा है, जो कि एक सकारात्मक संकेत है। फिर भी, एक बड़ा हिस्सा आज भी शिक्षा से वंचित है और अभी भी घरेलू कार्यों तक ही सीमित है। शहरी और ग्रामीण क्षेत्रों की महिलाओं की स्थितियों में आज भी अंतर विद्यमान है, और इस अंतर को समाप्त करना अत्यधिक आवश्यक है। वर्तमान समय में महिलाएं अपने अधिकारों की ओर बढ़ रही हैं और लंबे संघर्ष और आंदोलनों के बाद उन्होंने अनेक अवसरों का रास्ता खोला है। फिर भी, सामाजिक, आर्थिक, राजनीतिक, और सांस्कृतिक क्षेत्रों में महिलाओं के साथ समानता का व्यवहार किया जाना बाकी है, जो कि सभ्य समाज में उनका हक है। धीरे-धीरे समाज भी महिलाओं की शिक्षा को महत्व देने लगा है।

शैक्षिक सशक्तिकरण प्राप्त करने का अर्थ है अपनी व्यक्तिगत इच्छा को पूरा करना और साथ ही अपने ज्ञान को लगातार बढ़ाने और विकसित करने की अनुमति देना। महिलाएं जब अपनी शिक्षा से संबंधित सहायता और अवसर प्राप्त करने में सक्षम महसूस करती हैं, तब वे अन्य क्षेत्रों में भी सशक्त हो रही हैं।

सांस्कृतिक रूप से महिलाओं का सशक्तिकरण

सांस्कृतिक रूप से सशक्तिकरण का तात्पर्य है महिलाओं द्वारा अपनी सांस्कृतिक पहचान और मूल्यों को अपनाने के साथ-साथ अन्य संस्कृतियों और मूल्यों को ग्रहण करने की स्वतंत्रता होनी चाहिए। दुनिया भर में कई लोग समय-समय पर अपनी मूल संस्कृति के अलावा अन्य संस्कृतियों को भी अपनाते हैं, लेकिन महिलाओं की इस प्रक्रिया में भागीदारी कम दिखाई देती है। सांस्कृतिक सशक्तिकरण के तहत व्यक्तियों को यह स्वतंत्रता मिलनी चाहिए कि वे अपनी सांस्कृतिक प्रथाओं और परंपराओं को बनाए रखते हुए जीवन जी सकें या उन्हें बदल सकें।

सांस्कृतिक सशक्तिकरण को सक्षम बनाने के लिए शिक्षा, स्वीकृति, और समझ पर ध्यान देना आवश्यक है। समाज को विभिन्न धार्मिक, सामाजिक और भौगोलिक पृष्ठभूमियों से संबंधित मूल्यों को समझने और स्वीकार करने के लिए प्रोत्साहित किया जाना चाहिए। माता-पिता, समाज, शिक्षक, और नेतृत्व की स्थिति में लोग विभिन्न विश्वास प्रणालियों का सम्मान करना सीखकर सांस्कृतिक सशक्तिकरण के लिए एक स्वस्थ माहौल बना सकते हैं। व्यक्तिगत स्तर पर सांस्कृतिक सशक्तिकरण चाहने वाले लोगों को अपनी मान्यताओं के आधार पर स्वस्थ सीमाएं निर्धारित करने का अधिकार होना चाहिए। सांस्कृतिक सशक्तिकरण के अंतर्गत किसी भी व्यक्ति पर किसी भी संस्कृति को थोपा नहीं जाना चाहिए।

व्यक्तियों को अपनी स्वतंत्र इच्छा से किसी भी संस्कृति को अपनाने और ग्रहण करने की पूरी स्वतंत्रता होनी चाहिए।

महिलाओं का शारीरिक रूप से सशक्तिकरण

शारीरिक रूप से सशक्तिकरण का तात्पर्य यह है कि महिलाओं के पास अपने शरीर के बारे में निर्णय लेने का पूर्ण अधिकार होना चाहिए। यह निर्णय शामिल करते हैं कि वह अपने शरीर को किस प्रकार से ढालना चाहती हैं, क्या पहनना चाहती हैं, और उनके पहनावे पर किसी भी प्रकार की पाबंदी नहीं होनी चाहिए। उन्हें अपने शारीरिक स्वास्थ्य का ध्यान रखने, बीमारियों से बचाव करने, और शरीर से संबंधित अन्य सभी विषयों पर निर्णय लेने की स्वतंत्रता होनी चाहिए।

व्यक्तिगत स्तर पर शारीरिक सशक्तिकरण का मतलब है कि महिलाएं अपने शरीर पर पूर्ण नियंत्रण प्राप्त करें। एक शारीरिक रूप से सशक्त व्यक्ति इस बात के लिए स्वतंत्र होता है कि वह किस प्रकार का आहार ग्रहण करना चाहती है, कितनी बार व्यायाम करना चाहती है, और वह यौन रूप से सक्रिय रहना चाहती है या नहीं। "शारीरिक सशक्तिकरण के उच्च स्तर को प्राप्त करने में आत्म-प्रेम और आत्म-सम्मान का उच्च स्तर शामिल होता है।" जो लोग शारीरिक रूप से सशक्त महसूस करते हैं, वे अपने शरीर से प्यार करते हैं, उनमें शरीर के प्रति सकारात्मकता अधिक होती है, और वे शारीरिक दृष्टिकोण से खुद को जिस प्रकार उचित समझते हैं, उसी तरह से व्यक्त करने के लिए स्वतंत्र महसूस करते हैं।

भावनात्मक रूप से महिलाओं का सशक्तिकरण

भावनात्मक रूप से सशक्तिकरण का तात्पर्य है कि व्यक्ति अपनी भावनाओं को बेहतर तरीके से समझ सके और उनका प्रबंधन कर सके, साथ ही

दूसरों की भावनाओं का सम्मान कर सके। भावनात्मक रूप से सशक्त व्यक्ति अपनी भावनाओं को अपनी सफलता में बाधा नहीं बनने देता और न ही वह अपनी भावनाओं का गलत उपयोग होने देता है। जब आप भावनात्मक रूप से सशक्त होते हैं, तो आप अपनी भावनाओं और दूसरों की भावनाओं को पहचानने में सक्षम होते हैं।

मनोवैज्ञानिक रूप से सशक्तिकरण

मनोवैज्ञानिक रूप से सशक्त लोग दूसरों से जुड़ते समय समझदार और सहानुभूतिपूर्ण होते हैं। वे अपने आस-पास के लोगों की भावनात्मक ज़रूरतों के बारे में जानते हैं और समझते हैं कि दूसरों को नुकसान पहुंचाए बिना अपने मानसिक स्वास्थ्य की रक्षा कैसे करें। सामूहिक स्तर पर, मनोवैज्ञानिक सशक्तिकरण को बढ़ावा देने के लिए सरकारें, संगठन और शैक्षणिक संस्थाएं लोगों को विभिन्न मनोवैज्ञानिक स्थितियों को समझने में मदद करने के लिए संसाधन प्रदान कर सकती हैं। शारीरिक सशक्तिकरण की तरह, मनोवैज्ञानिक सशक्तिकरण को भी यह सुनिश्चित करके बढ़ाया जा सकता है कि मानसिक स्वास्थ्य की स्थिति वाले लोग समान अवसरों तक पहुंच सकें। शारीरिक स्वास्थ्य की तरह, मानसिक स्वास्थ्य भी बेहतर जीवन के लिए अत्यंत आवश्यक है। **"एक शांत और संयमित मन से व्यक्ति अपने जीवन में बेहतर निर्णय लेने में सक्षम होता है।"**

शारीरिक स्वास्थ्य के लिए जहां बेहतर पोषण की आवश्यकता होती है, वहीं मानसिक स्वास्थ्य के लिए भी अच्छे पोषण की ज़रूरत होती है। इसमें अच्छे लोगों के संपर्क में रहना, अच्छी किताबें पढ़ना, परिवार को समय देना, और खुद को सकारात्मक गतिविधियों में व्यस्त रखना शामिल है।

सुरक्षात्मक रूप से महिला सशक्तिकरण

महिलाओं की सुरक्षा एक महत्वपूर्ण मुद्दा है, जो परिवार और समाज की चिंता का विषय है। किसी भी रूप में सशक्त होने के बावजूद, महिलाएं तब तक पूर्ण स्वतंत्रता का अनुभव नहीं कर सकतीं जब तक उन्हें पूरी तरह से सुरक्षित महसूस न हो। आज भी महिलाओं के साथ छेड़छाड़, दुर्व्यवहार और दुष्कर्म की घटनाएं समाज में होती रहती हैं, जो दर्शाती हैं कि समाज ने महिलाओं की सुरक्षा को लेकर पूरी तरह से संवेदनशीलता नहीं दिखाई है।

ऐसी घटनाओं के पीछे एक कारण पुरुषों का महिलाओं को भोगवादी नजरिए से देखना और उन्हें एक वस्तु मानना है। महिलाओं की सुरक्षा एक गंभीर चुनौती के रूप में उभर कर आई है। इन घटनाओं को रोकने के लिए कठोर कदम उठाए जाने की आवश्यकता है, जैसे कि दंड व्यवस्था में सुधार और सख्त सजा का प्रावधान।

महिलाओं की वर्तमान स्थिति

वर्तमान समय में महिलाएँ घर से बाहर निकलकर शिक्षा प्राप्त कर रही हैं, नौकरियों में शामिल हो रही हैं और विभिन्न क्षेत्रों में आगे बढ़ने की कोशिश कर रही हैं। वे अपने अधिकारों के लिए संघर्ष कर रही हैं और समाज में समानता की दिशा में कदम बढ़ा रही हैं।

समाज की कुरीतियाँ और महिला सशक्तिकरण

समाज की कुरीतियाँ, रूढ़िवादी सोच और पितृसत्तात्मक मानसिकता आज भी महिलाओं के लिए सबसे बड़ी चुनौतियों में से एक हैं। बहुत से लोग आज भी इस धारणा को स्वीकार करने के लिए तैयार नहीं हैं कि महिलाएँ भी पुरुषों के समान इंसान हैं और वे किसी भी क्षेत्र में पुरुषों से आगे भी बढ़ सकती हैं। जो महिलाएँ जीवन में कुछ बड़ा करने के लिए आगे बढ़ रही हैं, उन्हें समाज द्वारा मानसिक प्रताड़ना और चरित्र हनन का सामना करना पड़ता है।

पितृसत्तात्मक मानसिकता की जड़ें इतनी गहरी हैं कि समाज आज भी_ **"महिलाओं के चरित्र को लेकर जिस स्तर की नैतिकता की उम्मीद रखी जाती है, उसी स्तर की उम्मीद पुरुषों से नहीं रखी जाती।"** इसी सोच के कारण पुरुषों के दुष्कर्मों से समाज अधिक असहज नहीं होता। लेकिन जब बात महिलाओं की आती है, तो समाज बिना आधार के भी उनके चरित्र पर उंगली उठाने से पीछे नहीं हटता।

वास्तव में, महिलाओं को रोकने का सबसे बड़ा हथियार चरित्र हनन ही बन चुका है। इस सामाजिक संरचना में, जब कोई महिला आगे बढ़ने की कोशिश करती है, तो उसे इन सब समस्याओं का सामना करना पड़ता है। फिर भी, वर्तमान समय में महिलाओं ने अपनी स्थिति को पहले के मुकाबले बहुत बेहतर बनाया है। आज महिलाएँ लगभग हर क्षेत्र में अपनी सफलता का परचम लहरा चुकी हैं। लेकिन अब भी मुख्यतः महिला सुरक्षा और पितृसत्तात्मक मानसिकता के चलते समाज द्वारा उन्हें वह सम्मान प्राप्त नहीं हो रहा है, जिसकी वे वास्तविक रूप से हकदार हैं। इन चुनौतियों को पार करने के लिए महिलाओं को आगे आना होगा। क्योंकि महिलाएँ ही सबसे बेहतर तरीके से अपनी समस्याओं का समाधान खोज सकती हैं और उन पर प्रभावी कदम उठा सकती हैं।

यह सर्वविदित है कि विश्व की जनसंख्या का लगभग आधा हिस्सा महिलाएँ हैं। जीवन के हर क्षेत्र में महिलाओं के योगदान को स्वीकार किया गया है, क्योंकि **महिला और पुरुष विकास रूपी गाड़ी के दो पहिए हैं**। महिलाएँ राष्ट्र के विकास में उतना ही महत्व रखती हैं जितना कि पुरुष, और विश्व का समग्र विकास महिलाओं की भागीदारी के बिना संभव नहीं है। आज ऐसा कोई क्षेत्र नहीं है जहाँ महिलाओं ने अपनी उपस्थिति दर्ज न कराई हो। महिलाओं ने संपूर्ण विश्व में अपना परचम लहराया है, और यह सब अब तक के प्रयासों के द्वारा धीरे-धीरे संभव हो पाया है।

पहले महिलाओं की स्थिति अत्यंत सोचनीय थी, वे शोषण और कुप्रथा जैसी विसंगतियों का शिकार थीं। समाज में कई प्रकार की रूढ़ियाँ और अंधविश्वास व्यापक थे। महिलाओं के प्रति रूढ़िवादी और परंपरागत सोच ने उन्हें पिता, भाई, पति और पुत्र के आश्रय में मानते हुए मुख्य रूप से घर की चार दीवारी तक सीमित रखा। इसका मुख्य कारण तात्कालिक सामाजिक विचार का पिछड़ापन और स्त्रियों की अज्ञानता के बंधन में जकड़ा जाना था। महिलाओं को घर की दहलीज से बाहर निकलने की आज्ञा नहीं थी।

आज महिलाएँ पुरुषों के साथ कंधे से कंधा मिलाकर काम कर रही हैं और "घर की चार दीवारी से निकल कर अंतरिक्ष तक जा पहुँची हैं।" जिस देश की महिलाएँ जागरूक, शिक्षित और गुणवान होती हैं, वह देश संसार में सबसे अधिक उन्नति करता है। हमारा समाज मूल रूप से पुरुष प्रधान रहा है। पहले महिलाओं के पास किसी प्रकार की स्वतंत्रता नहीं थी, जिससे उनकी सामाजिक और पारिवारिक स्थिति एक पराश्रित से अधिक नहीं थी, और उन्हें हर कदम पर पुरुष के सहारे की ज़रूरत होती थी।

वैसे तो महिला उत्थान के उद्देश्य से विभिन्न प्रयास किए जाते रहे हैं, लेकिन पिछले कुछ वर्षों में महिला सशक्तिकरण के कार्य में तेज़ी देखी गई। इन्हीं प्रयासों के परिणामस्वरूप महिलाओं के आत्मविश्वास में बढ़ोतरी भी हुई है। वे किसी भी चुनौती को स्वीकार करने के लिए खुद को तैयार करने लगी हैं। एक ओर जहाँ सरकारें महिला उत्थान की नई-नई योजनाएँ बना रही हैं और ला रही हैं, वहीं गैर-सरकारी संगठन भी उनके अधिकारों के लिए उनकी आवाज़ बुलंद कर रहे हैं। साथ ही, महिलाओं की प्रबल भावना को उजागर करने का प्रयास किया जा रहा है कि वे अपनी छुपी ताकत को सामने ला सकें और हर चुनौती का सामना करने के लिए खुद को सक्षम समझ सकें।

महिला सशक्तिकरण का महत्व

महिला सशक्तिकरण के माध्यम से न केवल महिलाओं, बल्कि परिवार के हर सदस्य का विकास संभव है। एक महिला परिवार के लिए रीढ़ की हड्डी के समान होती है। जिस घर की महिला सशक्त होगी, वह पूरा समाज अपने आप सशक्त हो जाएगा। हर सदस्य का विकास संभव है। एक महिला परिवार के लिए रीढ़ की हड्डी के समान होती है। जिस घर की महिला सशक्त होगी, वह पूरा समाज अपने आप सशक्त हो जाएगा। इसके साथ ही, जब समाज सशक्त होगा, तब राष्ट्र और पूरे विश्व का सशक्तिकरण भी संभव होगा। जहाँ एक तरफ 21वीं सदी में हम चाँद पर जीवन की संभावनाओं को खोज रहे हैं, वहीं दूसरी तरफ अपनी आधी आबादी को पीछे रखकर विकास नहीं कर सकते हैं। महिलाओं की भागीदारी से ही समाज, देश और विश्व का कल्याण संभव है।

महिला सशक्तिकरण की आवश्यकता इसलिए भी पड़ी क्योंकि प्राचीन काल से ही समाज में लैंगिक असमानता देखने को मिली है। पुरुष प्रधान समाज में महिलाओं को उनके अधिकारों से पीछे रखा गया। इसलिए महिलाओं का हर क्षेत्र में सशक्त होना ज़रूरी है ताकि देश के विकास का सही आधार बन सके। महिला सशक्तिकरण की आवश्यकता एक बेहतर समाज, बेहतर राष्ट्र और बेहतर विश्व के निर्माण के लिए है।

इसके साथ ही, महिला सशक्तिकरण को महिलाओं के ज्ञान, कौशल और संसाधनों को बढ़ाने की प्रक्रिया के रूप में परिभाषित किया जा सकता है ताकि वे निर्णय ले सकें और लैंगिक असमानताओं को चुनौती दे सकें। महिला सशक्तिकरण केवल लैंगिक समानता प्राप्त करने के लिए महत्वपूर्ण नहीं है, बल्कि यह महिलाओं की प्रगति और विकास के लिए एक उत्प्रेरक है, क्योंकि यह महिलाओं की पूरी क्षमता को उजागर करता है और एक अधिक समावेशी और समृद्ध समाज को बढ़ावा देता है।

महिला सशक्तिकरण से ही महिलाओं की आवश्यक भागीदारी और ज़िम्मेदारी समाज को प्राप्त हो सकेगी। महिला सशक्तिकरण से ही संपूर्ण विश्व का सशक्तिकरण संभव है। इस प्रकार, महिला सशक्तिकरण एक आवश्यकता भी है और एक अनिवार्यता भी। सामुदायिक विकास के लिए महिला सशक्तिकरण महत्वपूर्ण है क्योंकि इससे कई सकारात्मक परिणामसामुदायिक विकास के लिए महिला सशक्तिकरण महत्वपूर्ण है क्योंकि इससे कई सकारात्मक परिणाम प्राप्त होते हैं, जैसे:

आर्थिक विकास

महिलाओं के सशक्तिकरण से समुदाय में विकास और समृद्धि में योगदान होता है। जब महिलाओं को शिक्षा, कौशल प्रशिक्षण और आर्थिक अवसरों तक पहुँच मिलती है, तो वे कार्यबल में भाग ले सकती हैं, व्यवसाय शुरू कर सकती हैं और स्थानीय अर्थव्यवस्था में योगदान कर सकती हैं। सशक्त महिलाएँ नवाचार, उत्पादकता और उद्यमशीलता को बढ़ावा देती हैं, जिससे आर्थिक विकास होता है और गरीबी में कमी आती है।

सामाजिक विकास

महिला सशक्तिकरण सामाजिक मानदंडों, दृष्टिकोणों और प्रस्तावों को चुनौती देकर और बदलकर सामाजिक प्रगति को बढ़ावा देती है। जैसे कि लिंग समानता, लिंग आधारित हिंसा और महिलाओं के अधिकारों को बढ़ावा देना। जब महिलाओं को सशक्त बनाया जाता है, तो वे एक अधिक समावेशी और न्याय संगत समाज बनाने में सक्रिय रूप से योगदान करती हैं, जहाँ सभी को समान अवसर प्राप्त होते हैं।

शिक्षा और कौशल विकास

शिक्षा और कौशल विकास कार्यक्रमों के माध्यम से महिलाओं को सशक्त बनाने का सामुदायिक विकास पर सीधा प्रभाव पड़ता है। जब महिलाएँ शिक्षित होती हैं, तो वे ज्ञान, कौशल और आलोचनात्मक सोचने की क्षमता

प्राप्त करती हैं, जो उन्हें सही निर्णय लेने और अपने परिवार तथा समुदाय को अधिक सक्षम बनाने में सहायक होती हैं। शिक्षित महिलाएँ अपने बच्चों की शिक्षा का भी ध्यान रखती हैं और सामुदायिक विकास पहलों में सक्रिय रूप से भाग लेने के लिए तत्पर रहती हैं।

स्वास्थ्य और कल्याण

महिला सशक्तिकरण परिवार और समुदाय के स्वास्थ्य और कल्याण पर सकारात्मक प्रभाव डालता है। जब महिलाओं को स्वास्थ्य सेवाओं, प्रजनन अधिकारों और स्वास्थ्य संबंधी जानकारी तक पहुँच मिलती है, तो वे अपने परिवार के स्वास्थ्य संबंधी सही निर्णय ले सकती हैं और स्वास्थ्य का बेहतर ध्यान रख सकती हैं। महिलाओं के स्वास्थ्य और कल्याण को सुनिश्चित करने से सार्वजनिक स्वास्थ्य परिणाम में सुधार होता है, मातृ-शिशु मृत्यु दर में कमी आती है और स्वस्थ समुदाय निर्माण में योगदान मिलता है। चूँकि बच्चों का बचपन अधिकांश समय माँ की देखरेख में बीतता है, इसलिए यदि महिलाएँ स्वास्थ्य संबंधी बेहतर जानकारी से सशक्त होंगी, तो इसका सकारात्मक प्रभाव बच्चों के पालन-पोषण पर भी दिखेगा।

नेतृत्व और शासन

महिला सशक्तिकरण से महिलाओं को समुदाय के भीतर नेतृत्व और निर्णय लेने वाली भूमिकाओं में भाग लेने का अवसर मिलता है, जिससे शासन में सुधार होता है और प्रतिनिधित्व बढ़ता है। जब महिलाएँ नेतृत्व की भूमिकाएँ अदा करती हैं, तो निर्णय अधिक समावेशी और विविध आवश्यकताओं और प्राथमिकताओं को दर्शाते हैं। निर्णय निर्माण में महिलाओं की भागीदारी अधिक जवाबदेह और प्रभावी सामुदायिक विकास रणनीतियों को बढ़ावा देती है।

महिला सशक्तिकरण के सामने चुनौतियाँ

महिला सशक्तिकरण के सम्मुख कई चुनौतियाँ और बाधाएँ हैं जो समाज में महिलाओं की समानता और पूर्ण भागीदारी की दिशा में बाधा डालती हैं:

लिंग आधारित भेदभाव

यह भेदभाव महिलाओं को बचपन से झेलना पड़ता है, जिसका नकारात्मक प्रभाव उनके संपूर्ण जीवन पर दिखाई देता है। इस भेदभाव के कारण महिलाओं का पोषण, शिक्षा, स्वास्थ्य और करियर सब कुछ प्रभावित होता है।

शिक्षा तक सीमित पहुँच

शिक्षा की कमी के कारण महिलाएँ आत्मविश्वास की कमी महसूस करती हैं और करियर में भी पीछे रहती हैं। शिक्षा के बिना महिला सशक्तिकरण अधूरा है।

सीमित राजनीतिक प्रतिनिधित्व

सीमित राजनीतिक प्रतिनिधित्व महिलाओं के सामने एक बड़ी चुनौती है। इससे महिलाएँ राजनीति जैसे क्षेत्र में करियर बनाने के विचार से निरुत्साहित हो सकती हैं।

सामाजिक मानदंड और सांस्कृतिक बाधाएँ

समाज, संस्कृति और धर्म के नाम पर महिलाओं के पाँव में कई बेड़ियां डाली जाती हैं, जिससे वे अपने जीवन में आगे नहीं बढ़ पाती हैं। सामाजिक और सांस्कृतिक मानदंड अक्सर महिलाओं की स्वतंत्रता और प्रगति को रोकते हैं।

विश्व की अनेक महिलाओं ने समाज की बेड़ियों को तोड़ते हुए महिला सशक्तिकरण को बढ़ावा देने का कार्य किया है, जिनमें जॉर्जिया मेलोनी का नाम विशेष रूप से उल्लेखनीय है।

जॉर्जिया मेलोनी ने अपने देश में महिला राजनीति को बढ़ावा दिया और प्रथम महिला प्रधानमंत्री बनने पर निश्चित तौर पर उनके देश की महिलाएँ राजनीति में भाग लेने के लिए पहले से अधिक उत्साहित और प्रोत्साहित महसूस करती हैं, क्योंकि उनके देश में इससे पहले कोई महिला इस पद तक नहीं पहुँची थी।

महिला सशक्तिकरण की यात्रा में कई महिलाओं ने अपनी अद्वितीय प्रतिभा और क्षमता का प्रदर्शन किया है, जिसके निम्न प्रमुख उदाहरण हैं:

राजनीति में महिला सशक्तिकरण

1. इंदिरा गांधी (भारत): भारत की पहली महिला प्रधानमंत्री, जिन्होंने देश की अर्थव्यवस्था और राजनीति में महत्वपूर्ण योगदान दिया।
2. मार्गरेट थैचर (यूके): यूके की पहली महिला प्रधानमंत्री, जिन्होंने देश की अर्थव्यवस्था को मजबूत करने में महत्वपूर्ण भूमिका निभाई।
3. एंजेला मर्केल (जर्मनी): जर्मनी की पहली महिला चांसलर, जिन्होंने यूरोपीय संघ में महत्वपूर्ण भूमिका निभाई।

शिक्षा में महिला सशक्तिकरण

1. मलाला यूसुफ़ज़ई (पाकिस्तान): नोबेल पुरस्कार विजेता, जिन्होंने शिक्षा के अधिकार के लिए लड़ाई लड़ी और दुनिया भर में शिक्षा के महत्व को बढ़ावा दिया।
2. सावित्रीबाई फुले (भारत): भारत में महिला शिक्षा की पहली वकील, जिन्होंने महिलाओं के शिक्षा के अधिकार के लिए लड़ाई लड़ी।
3. मैरी क्यूरी (पोलैंड): विज्ञान में पहली महिला नोबेल पुरस्कार विजेता, जिन्होंने विज्ञान में महिलाओं की भूमिका को बढ़ावा दिया।

4. किरण बेदी: समाज में हमेशा से लिंग भेद रहा है, लेकिन अनेक महिलाओं ने उन क्षेत्रों में भी सफलता के परचम लहराए जहाँ परंपरागत रूप से पुरुषों का वर्चस्व समझा जाता रहा। इनमें भारत की 'प्रथम महिला आईपीएस' किरण बेदी का नाम आता है, जिन्होंने समाज की उस पूर्वधारणा का खंडन किया जहाँ समझा जाता था कि पुलिस प्रशासन जैसे क्षेत्र के लिए पुरुष ही योग्य हैं।

व्यवसाय में महिला सशक्तिकरण

1. शेरिल सैंडबर्ग (यूएसए): फेसबुक की पहली महिला सीओओ, जिन्होंने टेक उद्योग में महिलाओं की भूमिका को बढ़ावा दिया।
2. इंद्रा नूई (यूएसए): पेप्सिको की पहली महिला सीईओ, जिन्होंने व्यवसाय में महिलाओं की सफलता के लिए मार्ग प्रशस्त किया।
3. मैरी बारा (यूएसए): जनरल मोटर्स की पहली महिला सीईओ, जिन्होंने ऑटोमोबाइल उद्योग में महिलाओं की भूमिका को बढ़ावा दिया

सामाजिक न्याय में महिला सशक्तिकरण

1 रोज़ा पार्क्स (यूएसए): नागरिक अधिकार आंदोलन में महत्वपूर्ण योगदान, जिन्होंने समाज में न्याय और समानता के लिए लड़ाई लड़ी।
2. मैडलिन अलब्राइट (यूएसए): पहली महिला संयुक्त राष्ट्र महासचिव, जिन्होंने विश्व शांति और सुरक्षा में महत्वपूर्ण योगदान दिया।
3. अरुंधति रॉय (भारत): सामाजिक न्याय और पर्यावरण के लिए लड़ाई, जिन्होंने समाज में बदलाव लाने के लिए अपनी आवाज उठाई।

खेल में महिला सशक्तिकरण

1. सेरेना विलियम्स (यूएसए): टेनिस में सबसे सफल महिला खिलाड़ी।
2. मैरी कॉम (भारत): मुक्केबाजी में सबसे सफल महिला खिलाड़ी।

इन उदाहरणों से पता चलता है कि महिलाएँ विभिन्न क्षेत्रों में अपनी प्रतिभा और क्षमता का प्रदर्शन कर रही हैं और समाज में अपना महत्वपूर्ण योगदान दे रही हैं।

"इन महिलाओं की कहानियाँ हमें प्रेरित करती हैं, एक महिला के रूप में आगे बढ़ने और सशक्त होने के लिए।"

महिला सशक्तिकरण को बढ़ावा देने के उपाय

महिला सशक्तिकरण एक व्यापक और जटिल प्रक्रिया है, इसके अंतर्गत महिलाओं को उनके अधिकारों, क्षमताओं, अवसरों और जिम्मेदारियों के प्रति जागरूक और सशक्त बनाना शामिल है। समाज, संस्कृति, कानून और आर्थिक प्रणालियों में महिलाओं को समान दर्जा दिलाने के लिए कई महत्वपूर्ण उपाय किए जा सकते हैं।

शिक्षा के माध्यम से

लड़कियों की शिक्षा को प्रोत्साहन - महिलाओं के सशक्तिकरण का सबसे पहला और महत्वपूर्ण कदम उनकी शिक्षा सुनिश्चित करना है। जब महिलाएँ शिक्षित होती हैं, तो वे अपने अधिकारों और अवसरों के बारे में अधिक जागरूक होती हैं। इससे वे अपने जीवन में बेहतर निर्णय ले सकती हैं।

वयस्क शिक्षा और व्यावसायिक प्रशिक्षण - जो महिलाएँ शिक्षा से वंचित रह गई हैं, उन्हें व्यावसायिक प्रशिक्षण और वयस्क शिक्षा कार्यक्रमों के माध्यम से सक्षम किया जाना चाहिए।

तकनीकी और डिजिटल साक्षरता - आधुनिक युग में डिजिटल उपकरणों और तकनीक की समझ अत्यंत आवश्यक है। यह महिलाओं को कई नए

अवसर प्रदान करती है। डिजिटल साक्षरता से महिलाएँ नए रोजगार के अवसरों को प्राप्त कर सकती हैं और अपनी आवाज को सामाजिक मीडिया और अन्य मंचों पर उठा सकती हैं।

आर्थिक आधार के माध्यम से

स्व-रोजगार और उद्यमशीलता - महिलाओं को स्व-रोजगार और उद्यमशीलता के लिए प्रोत्साहित किया जाना चाहिए। महिलाओं के स्व-सहायता समूह (SHGs), माइक्रोफाइनेंस संस्थाएँ और सहकारी समितियाँ इस दिशा में एक महत्वपूर्ण भूमिका निभा सकती हैं।

महिलाओं के लिए ऋण और वित्तीय सेवाओं की उपलब्धता - महिलाओं के उद्यम शुरू करने और आर्थिक रूप से स्वतंत्र बनने के लिए उन्हें सरल और सुविधाजनक ऋण योजनाओं की आवश्यकता होती है। इसके लिए बैंकिंग प्रणाली को महिलाओं के लिए और अधिक सुगम बनाया जाना चाहिए।

समान वेतन और रोजगार के अवसर - कामकाजी महिलाओं के लिए समान वेतन और अवसर सुनिश्चित करना ज़रूरी है। यह सुनिश्चित करने के लिए कानून लागू किए जाने चाहिए कि महिलाओं को सभी क्षेत्रों में पुरुषों के बराबर वेतन और अधिकार मिलें।

स्वास्थ्य और स्वच्छता के माध्यम से

स्वास्थ्य सेवाओं की पहुँच - महिलाओं के लिए सस्ती और गुणवत्तापूर्ण स्वास्थ्य सेवाओं की उपलब्धता ज़रूरी है। गर्भवती महिलाओं और मातृत्व स्वास्थ्य पर विशेष ध्यान देना आवश्यक है जिससे महिलाओं का शारीरिक और मानसिक स्वास्थ्य सशक्त हो सके।

प्रजनन और यौन स्वास्थ्य शिक्षा - महिलाओं को प्रजनन और यौन स्वास्थ्य के बारे में जानकारी देना भी महत्वपूर्ण है ताकि वे अपने शरीर और स्वास्थ्य के बारे में सही निर्णय ले सकें।

मासिक धर्म स्वच्छता - मासिक धर्म के दौरान उचित स्वच्छता प्रबंधन के लिए सुविधाएँ प्रदान करना महिलाओं के स्वास्थ्य के लिए महत्वपूर्ण है। स्कूलों, गांवों और शहरी इलाकों में इस दिशा में जागरूकता फैलानी चाहिए।

कानूनी अधिकारों और सुरक्षा के माध्यम से

समान अधिकार और कानूनों का प्रवर्तन - महिलाओं के लिए समान अधिकार सुनिश्चित करने के लिए मौजूदा कानूनों को सख्ती से लागू करना चाहिए। घरेलू हिंसा, दहेज उत्पीड़न और यौन उत्पीड़न के खिलाफ सख्त कदम उठाए जाने चाहिए।

महिलाओं के लिए कानूनी सहायता और परामर्श - महिलाओं को कानूनी सहायता और परामर्श उपलब्ध कराने के लिए विशेष केंद्र स्थापित किए जाने चाहिए, जिससे वे अपने अधिकारों के बारे में अधिक जागरूक और सतर्क हो सकेंगी और उन्हें कानूनी सहायता भी मिल पाएगी।

महिलाओं के खिलाफ हिंसा को रोकने के लिए सख्त कानून - महिलाओं के खिलाफ हिंसा, जैसे घरेलू हिंसा, यौन उत्पीड़न और बलात्कार के खिलाफ कठोर कानून बनाए जाने और उनका सख्ती से पालन किया जाना चाहिए।

राजनीति के माध्यम से

राजनीतिक भागीदारी में प्रोत्साहन - महिलाओं को राजनीति में भाग लेने के

लिए प्रोत्साहित किया जाना चाहिए। महिलाओं के लिए आरक्षण जैसी नीतियों के माध्यम से महिलाओं की राजनीतिक भागीदारी सुनिश्चित की जा सकती है।

महिलाओं को नेतृत्व में लाना - महिलाओं को स्थानीय, राज्य और राष्ट्रीय स्तर पर नेतृत्व की भूमिका में लाना आवश्यक है। इससे न केवल महिलाओं की स्थिति में सुधार होगा, बल्कि समाज में भी लैंगिक समानता आएगी।

महिलाओं के लिए नेतृत्व विकास कार्यक्रम - महिलाओं के नेतृत्व कौशल को बढ़ाने के लिए प्रशिक्षण और विकास कार्यक्रम चलाए जाने चाहिए, ताकि वे प्रभावी तरीके से राजनीति और समाज में नेतृत्व करना सीख सकें। कार्यक्रम चलाए जाने चाहिए, ताकि वे प्रभावी तरीके से राजनीति और समाज में नेतृत्व करना सीख सकें।

सांस्कृतिक और सामाजिक बदलाव

सामाजिक जागरूकता अभियान - महिलाओं की स्थिति में सुधार लाने के लिए समाज में व्याप्त लैंगिक असमानता को समाप्त करना ज़रूरी है। इसके लिए जागरूकता अभियान चलाकर समाज में लैंगिक समानता के महत्व को बढ़ाया जा सकता है।

मीडिया और संचार के माध्यम से

महिलाओं की सकारात्मक छवि का प्रचार - मीडिया में महिलाओं की सकारात्मक छवि को बढ़ावा देना चाहिए। फिल्मों, टीवी और सोशल मीडिया के माध्यम से महिलाओं की सफलता की कहानियों को प्रदर्शित किया जाना चाहिए।

महिला केंद्रित मीडिया प्लेटफॉर्मों का निर्माण - महिलाओं के मुद्दों और उनके अधिकारों पर ध्यान केंद्रित करने वाले विशेष मीडिया प्लेटफॉर्मों का निर्माण किया जाना चाहिए, जिससे समाज में महिलाओं के प्रति जागरूकता लाई जा सके।

सोशल मीडिया का उपयोग - सोशल मीडिया का उपयोग करके महिलाओं के मुद्दों और उनके सशक्तिकरण के बारे में जानकारी फैलानी चाहिए। इससे समाज में जागरूकता बढ़ेगी और महिलाओं के अधिकारों के प्रति संवेदनशीलता भी बढ़ेगी।

महिलाओं के लिए विशेष योजनाएँ और नीतियाँ के माध्यम से

सरकारी योजनाओं का क्रियान्वयन - महिलाओं के सशक्तिकरण के लिए सरकार की ओर से चलाई जाने वाली योजनाओं का सही तरीके से क्रियान्वयन सुनिश्चित किया जाना चाहिए। महिलाओं के लिए चलाई जाने वाली योजनाएँ, जैसे 'बेटी बचाओ, बेटी पढ़ाओ', 'महिला शक्ति केंद्र' और 'उज्ज्वला योजना', आदि को प्रभावी ढंग से लागू किया जाना चाहिए।

सशक्तिकरण के लिए ग्रामीण योजनाएँ - ग्रामीण महिलाओं के सशक्तिकरण के लिए विशेष योजनाएँ बनाई जानी चाहिए, जिससे वे आर्थिक और सामाजिक रूप से स्वतंत्र हो सकें।

महिला उद्यमियों के लिए प्रोत्साहन योजनाएँ - सरकार द्वारा महिला उद्यमियों के लिए विशेष वित्तीय योजनाएँ और सब्सिडी उपलब्ध कराई जानी चाहिए, जिससे वे अपने व्यवसाय को सफलतापूर्वक चला सकें।

वैश्विक दृष्टिकोण और अंतर्राष्ट्रीय सहयोग के माध्यम से

वैश्विक उदाहरणों का अनुसरण- कई विकसित देशों में महिला सशक्तिकरण के सफल उदाहरण हैं, जिनसे सीख लेकर अपने देशमें भी ऐसे मॉडल लागू किए जाने चाहिए।

अंतर्राष्ट्रीय संगठनों के साथ सहयोग - संयुक्त राष्ट्र, विश्व बैंक और अन्य अंतर्राष्ट्रीय संगठनों के साथ सहयोग करके महिला सशक्तिकरण के लिए वैश्विक प्रयास किए जाने चाहिए।

महिला सशक्तिकरण पर अंतर्राष्ट्रीय नीति संवाद - महिला सशक्तिकरण के विषय पर अंतर्राष्ट्रीय मंचों पर संवाद और विमर्श आयोजित किए जा सकते हैं, जिससे वैश्विक नीतियों और अनुभवों से सीख ली जा सके। "महिला सशक्तिकरण सिर्फ एक नीतिगत मुद्दा नहीं है, बल्कि यह समाज की मानसिकता और दृष्टिकोण में बदलाव का भी सवाल है।" महिलाओं को आत्मनिर्भर, सशक्त और स्वतंत्र बनाने के लिए शिक्षा, आर्थिक समर्थन, स्वास्थ्य सेवाओं की पहुँच और कानूनी अधिकारों का विस्तार आवश्यक है। साथ ही, समाज को लैंगिक समानता के प्रति संवेदनशील बनाना और महिलाओं की भागीदारी को बढ़ावा देना भी अनिवार्य है।

समाज के लिए एक महिला उतनी ही महत्वपूर्ण है जितना कि पुरुष। प्राचीन काल से महिलाओं के प्रयत्नों और परिश्रम ने समाज में अपनी बेहतरीन भूमिका अदा की है। महिला को बच्चों का प्रथम गुरु माना जाता है। माँ द्वारा ही बच्चे का शारीरिक, भावनात्मक और आध्यात्मिक पालन-पोषण होता है। इसलिए, **"माँ भावी पीढ़ी के संस्कारों की चाबी है।"** यदि महिला अपनी कीमत समझती है और परिवार एवं समाज में उसका सम्मान है, तो ये सारे गुण उसकी अगली पीढ़ी में भी जाते हैं। यदि महिला को इस प्रकार की शिक्षा प्राप्त होती है, जो उसे पूर्ण कुशाग्र बनाती है, तो वह भी हर प्रकार के सामाजिक कार्यों में चमक सकती है।

प्राचीन काल से नारी को एक महत्वपूर्ण स्थान दिया गया है। भारतीय ग्रंथों में बताया गया है कि, "**यत्र नार्यस्तु पूज्यन्ते रमन्ते तत्र देवताः।**" अर्थात जहाँ नारी का सम्मान किया जाता है, वहाँ देवता भी निवास करते हैं। कोई भी समाज या देश तब तक प्रगति की ओर नहीं बढ़ सकता है, जब तक नारी के प्रति भेदभाव और हीन भावना का त्याग नहीं किया जाता। इसलिए, नारी सम्मान और नारी का सशक्त होना संपूर्ण व्यवस्था के लिए अत्यंत आवश्यक है।

अंतर्राष्ट्रीय संबंध

अंतर्राष्ट्रीय संबंध विभिन्न देशों के बीच संबंधों का अध्ययन है। इसके अंतर्गत संप्रभु राज्यों, अंतर-सरकारी संगठनों, अंतर्राष्ट्रीय गैर-सरकारी संगठनों और बहुराष्ट्रीय कंपनियों की भूमिकाओं का भी अध्ययन किया जाता है। इसमें राजनीति, अर्थव्यवस्था, सुरक्षा, अंतर्राष्ट्रीय राजनीति, कूटनीति, पर्यावरण, आतंकवाद, मीडिया, सामाजिक आंदोलन और कई अन्य विषय शामिल होते हैं। यह एक बहु-विषयक क्षेत्र है।

हालाँकि हमारी अधिक जुड़ी हुई दुनिया ने अंतर्राष्ट्रीय संबंधों को एक नया दृष्टिकोण दिया है, लेकिन यह कोई नई अवधारणा नहीं है। राज्यों के बीच संधियाँ दुनिया के इतिहास में अंतर्राष्ट्रीय संबंधों का पहला रूप थीं।

वर्तमान समय में अंतर्राष्ट्रीय संबंध तेज़ी से प्रासंगिक होते जा रहे हैं क्योंकि विश्व व्यापार और वाणिज्य, प्रवासन, इंटरनेट और सोशल मीडिया के माध्यम से विश्व पहले से अधिक जुड़ता जा रहा है। अंतर्राष्ट्रीय संबंध एक व्यापक और अनुकूलित वातावरण का निर्माण करते हैं जो विशेष रूप से तेज़ी से बदलती दुनिया के अनुकूल ढलने में सहायता प्रदान करता है।

दो या दो से अधिक राष्ट्रों के बीच संबंधों का निर्धारण अनेक पहलुओं द्वारा होता है, जिनमें शामिल हैं राष्ट्र की शासन व्यवस्था, भौगोलिक अवस्थिति, संसाधनों की उपलब्धता, सामाजिक संरचना, सांस्कृतिक विकास, विचारधारा और ऐतिहासिक मूल्य। अंतर्राष्ट्रीय संबंधों को अंतर्राष्ट्रीय संगठन, वैश्विक व्यापार प्रतिरूप और नेतृत्व क्षमता भी प्रभावित करते हैं।

राष्ट्र की सुरक्षा और संपन्नता के लिए न सिर्फ पड़ोसी देशों के साथ, बल्कि अन्य राष्ट्रों के साथ भी सकारात्मक और सौहार्दपूर्ण संबंध सहायक सिद्ध होते हैं।

बेहतर अंतर्राष्ट्रीय संबंधों का महत्व

जैसे-जैसे दुनिया आपस में जुड़ती जा रही है, वैसे-वैसे अंतर्राष्ट्रीय संबंधों का महत्व भी बढ़ता जा रहा है। संपूर्ण विश्व के देश अनेक आधारों पर एक दूसरे से परस्पर जुड़े हुए हैं, इसीलिए विश्व के किन्हीं भी दो राष्ट्रों के परस्पर संबंध संपूर्ण विश्व को प्रभावित करते हैं। बेहतर अंतर्राष्ट्रीय संबंधों के माध्यम से ही **'वसुधैव कुटुंबकम्'** की अवधारणा को वास्तविकता में प्राप्त किया जा सकता है।

बेहतर अंतर्राष्ट्रीय संबंधों के महत्व को हम अनेक आयामों से समझ सकते हैं:

शांति, सुरक्षा और स्थिरता

बेहतर अंतर्राष्ट्रीय संबंध शांति, सुरक्षा और स्थिरता को बढ़ावा देते हैं। वहीं, यदि दो राष्ट्रों के बीच संबंध अच्छे न हों, तो अशांति, अराजकता और अस्थिरता की स्थिति उत्पन्न हो सकती है, जो न केवल दो राष्ट्रों के लिए बल्कि संपूर्ण विश्व के लिए अस्थिरता उत्पन्न करने वाले कारक बन जाती है। वर्तमान समय में इसका सबसे बड़ा उदाहरण 'रूस-यूक्रेन युद्ध' है। यह युद्ध मुख्यत: दो देशों के बीच ही हो रहा है, किंतु इसका नकारात्मक प्रभाव संपूर्ण विश्व पर पड़ रहा है। अस्थिरता के कारण अनेक लोगों की जानें जा चुकी हैं, लोगों को पलायन करना पड़ रहा है और वहाँ रहने वाले लोगों की संपूर्ण गतिविधियाँ प्रभावित हो रही हैं। बाहरी राष्ट्रों से आए विद्यार्थियों को अपनी शिक्षा बीच में ही छोड़कर स्वदेश लौटना पड़ रहा है। वर्तमान समय में संपूर्ण विश्व में बढ़ रही महंगाई का एक महत्वपूर्ण कारण रूस-यूक्रेन युद्ध भी है।

इतिहास भी ऐसे उदाहरणों से भरा पड़ा है जो यह समझाने के लिए पर्याप्त हैं कि युद्ध का अंतिम परिणाम क्या होता है। इन्हीं आधारों पर यह कहा जा सकता है कि संपूर्ण विश्व की शांति, सुरक्षा और स्थिरता के लिए विश्व के किसी भी कोने में अशांति शोभनीय नहीं है।

आर्थिक विकास को बढ़ावा

अंतर्राष्ट्रीय संबंधों के माध्यम से व्यापार, निवेश और आर्थिक विकास को बढ़ावा मिलता है, जिससे देशों की आर्थिक समृद्धि में वृद्धि होती है। अच्छे संबंधों के चलते देशों को अनावश्यक सीमा शुल्क का भुगतान नहीं करना पड़ता, जिससे जीडीपी पर सकारात्मक प्रभाव पड़ता है। इससे व्यापार और निवेश भी नकारात्मक रूप से प्रभावित नहीं होते। जब कुछ देशों के बीच तनाव उत्पन्न होता है, तब उनके बीच व्यापारिक संबंध भी नकारात्मक रूप से प्रभावित होते हैं। यह प्रभाव केवल कुछ देशों तक सीमित नहीं रहता, बल्कि वैश्विक स्तर पर महसूस किया जाता है। इसलिए आर्थिक विकास को बढ़ावा देने के लिए बेहतर अंतर्राष्ट्रीय संबंधों का होना अत्यंत आवश्यक है।

सांस्कृतिक आदान-प्रदान

बेहतर सांस्कृतिक संबंधों के माध्यम से देशों के बीच परस्पर समझ और सम्मान में वृद्धि होती है। सांस्कृतिक संवेदनशीलता बेहतर अंतर्राष्ट्रीय संबंधों की नींव रखती है।

संघर्ष समाधान

बेहतर अंतर्राष्ट्रीय संबंध देशों के बीच संघर्ष समाधान में सहयोग को बढ़ावा देते हैं।

एक परिवार की तरह संपूर्ण विश्व भी एक परिवार है, और परिवार की तरह ही विश्व में विभिन्न देशों के बीच मनमुटाव होना स्वाभाविक है। लेकिन जब संबंध अच्छे होते हैं, तो ऐसे मनमुटाव ज्यादा लंबे समय तक नहीं चल पाते और संबंधों को सुधारना आसान हो जाता है। कम समय में संबंधों का पुनः बहाल हो जाने से संपूर्ण विश्व को उसके अधिक नकारात्मक प्रभावों का सामना नहीं करना पड़ता।

वैश्विक चुनौतियों का समाधान

वर्तमान समय में अनेक वैश्विक चुनौतियाँ जैसे जलवायु परिवर्तन, आतंकवाद, साइबर हमले, पर्यावरण संरक्षण, परमाणु प्रसार आदि संपूर्ण विश्व के सामने हैं। इन चुनौतियों का सामना करने के लिए संपूर्ण विश्व को सामूहिक कार्रवाई और सहयोग की आवश्यकता है।

अंतर्राष्ट्रीय पर्यटन को बढ़ावा

बेहतर अंतर्राष्ट्रीय संबंध अंतर्राष्ट्रीय पर्यटन को बढ़ावा देते हैं, जिससे राष्ट्र की आय बढ़ती है और संस्कृति का प्रसार भी होता है।

भारत-इटली के अंतर्राष्ट्रीय संबंध

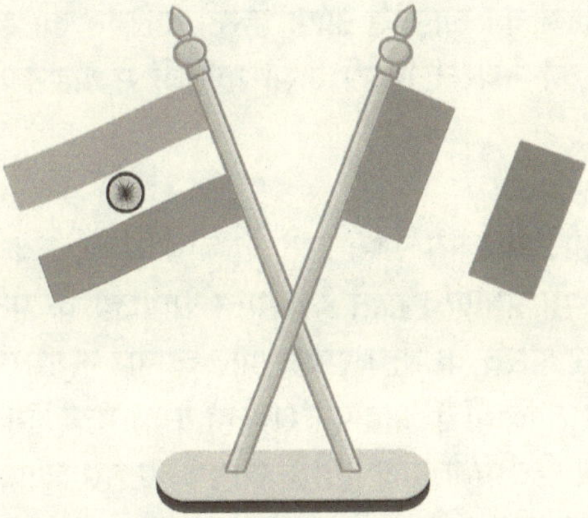

भारत और इटली के बीच संबंधों का इतिहास लगभग तीसरी शताब्दी ईसा पूर्व से जुड़ा है, जब मौर्य सम्राट अशोक ने इटली सहित विश्व के विभिन्न हिस्सों में बौद्ध धर्म प्रचारकों को भेजा था। भारत और इटली के संबंधों की शुरुआत संभवतः रोमन साम्राज्य के युग से हुई थी।

भारत का रोम में एक दूतावास और मिलान में एक महावाणिज्य दूतावास है, वहीं इटली का नई दिल्ली में एक दूतावास और मुंबई और कोलकाता में महावाणिज्य दूतावास उपस्थित है। भारत में रोमन सिक्के खोजे गए, जो मुख्य रूप से दक्षिण भारत में प्राप्त हुए हैं।

यह रोमन व्यापारियों की स्थाई बस्तियों के अस्तित्व को चिह्नित करता है। पोम्पेई के खंडहरों में भारतीय हाथीदांत की प्रतिमा की खोज से इस बात की पुष्टि होती है कि दोनों देशों के बीच वस्तुओं का व्यापार किया जाता था। भारत और रोमन साम्राज्य के बीच मुख्य रूप से पहली और दूसरी शताब्दी ईस्वी में व्यापारिक संबंधों की शुरुआत हुई। तमिलनाडु के पुदुक्कोट्टई जिले में कैलीगुला और नीरो को दर्शाने वाले रोमन सिक्के मिले हैं। वहीं डायोडोरस सिकुलस की लाइब्रेरी ऑफ हिस्ट्री, एरियन की इंडिका, और प्लिनी द एल्डर की नेचुरल हिस्ट्री जैसी कृतियों में भारत का उल्लेख मिलता है।

रोमन साम्राज्य और भारतीय सभ्यताओं के बीच राजनीतिक मिशनों के आदान-प्रदान के भी प्रमाण मिलते हैं। रोमन साम्राज्य के पतन के बाद भूमध्य सागर और भारत के बीच संबंध और व्यापार लगभग समाप्त हो गया, किंतु कुछ शताब्दियों के बाद पुनः शुरू हो गया। मध्य युग में इतालवी व्यापारियों ने फिर से रोमनों द्वारा पूर्व के साथ किए गए व्यापार मार्गों का अनुसरण किया। इन व्यापारियों में सबसे उल्लेखनीय नाम **'मार्को पोलो'** का था। उन्होंने दक्षिण-पूर्वी भारत का दौरा किया और कायल, कोमोरिन, क्विलोन, थाना, सोमनाथ और कैम्ब्रिज जैसे बंदरगाहों का दौरा किया। मार्को पोलो के यात्रा वृत्तांत **'द ट्रेवल्स ऑफ मार्को पोलो'** में 13वीं शताब्दी के अंत में भारत के जीवन और रीति-रिवाजों का उल्लेख मिलता है।

ब्रिटिश काल में मौजूद राजनीतिक परिस्थितियों के कारण भारत और इटली के बीच व्यापार और यात्रा में कमी आई। इस समय, इतालवी विद्वानों ने संस्कृत अध्ययन में महत्वपूर्ण योगदान दिया। गैस्पारे गोरेसियो ने सन् 1852 में ट्यूरिन विश्वविद्यालय, इटली में संस्कृत की पहली चेयर स्थापित की। "गोरेसियो ने रामायण का इतालवी भाषा में अनुवाद भी किया, जो संस्कृत साहित्य के अध्ययन में एक महत्वपूर्ण कार्य है।"

इस तरह, इटली और भारत के बीच मध्यकाल से लेकर ब्रिटिश काल तक सांस्कृतिक, शैक्षणिक और व्यापारिक संबंध बने रहे। 1940 के दशक में, ब्रिटिशों ने द्वितीय विश्व युद्ध के दौरान इतालवी युद्ध बंदियों को भारत लाया गया, जिनको यूरोप और उत्तरी अफ्रीका में पकड़ा गया था। 1941 में, इतालवी युद्ध बंदियों को बैंगलोर से 20 मील दूर बायरामंगला में नजरबंद शिविरों में लाया गया था। इटली को नाजी नियंत्रण से मुक्त कराने में भारतीय सेना ने महत्वपूर्ण भूमिका निभाई। अमेरिकी और ब्रिटिश सेनाओं के बाद, भारतीय सेना का योगदान तीसरी सबसे बड़ी सेना के रूप में रहा।

भारतीय गणराज्य और इटली गणराज्य के बीच राजनीतिक संबंध 1947 में स्थापित किए गए थे। सर्वप्रथम भारतीय प्रधानमंत्री जवाहरलाल नेहरू ने 1953 में इटली का दौरा किया। राष्ट्रपति ऑस्कर लुइगी स्कैल्फारो 1996 में भारत आने वाले पहले इतालवी राष्ट्राध्यक्ष थे। कार्लो अज़ेग्लियो चियाम्पी ने फरवरी 2005 में भारत का दौरा किया। रोमानो प्रोदी फरवरी 2007 में भारत आने वाले पहले इतालवी प्रधानमंत्री बने। भारतीय प्रधानमंत्री मनमोहन सिंह 2009 में 35वें जी-8 शिखर सम्मेलन में भाग लेने इटली गए थे।

भारत और इटली के बीच कूटनीतिक और व्यापारिक संबंधों का एक लंबा इतिहास है। दोनों देशों के बीच संबंध प्राचीन काल से हैं, जब भारतीय मसालों और वस्त्रों का व्यापार रोम के साथ किया जाता था। आधुनिक युग में, भारत और इटली के संबंध भारतीय स्वतंत्रता संग्राम के दौरान और मजबूत हुए, जब इतालवी नेताओं ने भारत के स्वतंत्रता संग्राम के प्रति अपनी एकजुटता व्यक्त की। 1947 में भारत की स्वतंत्रता के बाद, देशों ने औपचारिक राजनयिक संबंध स्थापित किए।

भारत-इटली संबंधों के विभिन्न पहलू

व्यापारिक संबंध

भारत और इटली के बीच व्यापारिक संबंध मजबूत रहे हैं। इटली यूरोपीय संघ में भारत के सबसे महत्वपूर्ण व्यापारिक साझेदारों में से एक है। दोनों देशों के बीच द्विपक्षीय व्यापार लगातार बढ़ रहा है। इटली भारत में सबसे बड़े निवेशकों में से एक है। वर्तमान में 500 से अधिक इतालवी कंपनियां भारत में काम कर रही हैं और हजारों लोगों को रोजगार प्रदान कर रही हैं।

सांस्कृतिक संबंध

भारत और इटली के बीच सांस्कृतिक संबंध भी अत्यंत मजबूत हैं। इतालवी कला और वास्तुकला ने लंबे समय से भारतीय कलाकारों और वास्तुकारों को प्रेरित किया है, जबकि भारतीय संस्कृति और दर्शन ने इतालवी विद्वानों और विचारकों को प्रभावित किया है। दोनों देशों ने फिल्म समारोहों, कला प्रदर्शनियों और संगीत समारोहों सहित विभिन्न सांस्कृतिक आदान-प्रदान कार्यक्रमों में भाग लिया है।

सामरिक संबंध

इटली और भारत के बीच रणनीतिक संबंध हैं और दोनों देश वैश्विक दक्षिण में महत्वपूर्ण भूमिका निभा रहे हैं। इटली "विस्तारित" भूमध्य सागर के केंद्र में है, जो हिंद-प्रशांत क्षेत्र के साथ मजबूती से जुड़ा हुआ है, जबकि भारत वैश्विक दक्षिण और पश्चिमी देशों के बीच एक आदर्श सेतु का प्रतिनिधित्व करता है। भारत की प्राथमिकताएं 2021 की इतालवी अध्यक्षता के साथ मजबूती से जुड़ी हुई हैं, जिनमें विकासशील देशों के लिए ऋण राहत से लेकर अंतर्राष्ट्रीय वित्तीय संस्थानों, स्वास्थ्य, वित्त और जलवायु परिवर्तन में सुधार शामिल हैं।

राजनीतिक संबंध

भारत और इटली के बीच मजबूत राजनीतिक संबंध भी हैं।

दोनों देशों ने जलवायु परिवर्तन, संयुक्त राष्ट्र सुधार और आतंकवाद-विरोध सहित विभिन्न अंतर्राष्ट्रीय मुद्दों पर एक-दूसरे का समर्थन किया है। इटली ने संयुक्त राष्ट्र सुरक्षा परिषद में स्थायी सदस्यता के लिए भारत की दावेदारी का भी समर्थन किया है। दोनों देशों ने विज्ञान और प्रौद्योगिकी, रक्षा और कृषि के क्षेत्र में विभिन्न द्विपक्षीय समझौतों पर भी हस्ताक्षर किए हैं।

भारत और इटली के बीच संबंधों का नया अध्याय: सामरिक साझेदार से शुरू हुआ -

"India-Italy Strategic Partners" के माध्यम से भारत और इटली के संबंधों का एक नया अध्याय शुरू हुआ है। यूरोपीय देश इटली की प्रधानमंत्री जॉर्जिया मेलोनी (Giorgia Meloni) की भारत यात्रा के दौरान दोनों देशों के संबंधों को एक नई ऊँचाई मिली। भारत के प्रधानमंत्री नरेंद्र मोदी और इटली की प्रधानमंत्री जॉर्जिया मेलोनी के बीच दिल्ली के हैदराबाद हाउस में द्विपक्षीय वार्ता हुई। इस वार्ता के दौरान दोनों नेताओं ने भारत-इटली साझेदारी को **"Strategic Partnership"** का दर्जा देने का निर्णय लिया। अब भारत और इटली सामरिक साझेदार हैं। सामरिक साझेदारी का महत्व इस दृष्टिकोण से और भी बढ़ जाता है कि भारत और इटली ने अपने द्विपक्षीय संबंधों की 75वीं वर्षगांठ 2023 मे मनाई। इस सामरिक साझेदारी के तहत दोनों देश आर्थिक संबंधों को और मजबूत करेंगे। इससे मेक इन इंडिया और आत्मनिर्भर भारत अभियान के तहत भारत में इटली का निवेश भी बढ़ेगा।

दुनिया के सबसे चहेते नेता हैं, पीएम मोदी

इटली की प्रधानमंत्री जॉर्जिया मेलोनी ने प्रधानमंत्री नरेंद्र मोदी की सराहना करते हुए उन्हें 'दुनिया के सबसे लोकप्रिय नेता' के रूप में संबोधित किया।

द्विपक्षीय वार्ता के बाद, मेलोनी ने कहा कि प्रधानमंत्री मोदी जिस अप्रूवल रेटिंग तक पहुंचे हैं वह उन्हें दुनिया भर में सबसे पसंदीदा नेता बनाती है। उन्होंने आगे कहा कि यह वास्तव में सिद्ध करता है कि वह एक प्रभावशाली और प्रमुख नेता हैं। इसके लिए उन्होंने प्रधानमंत्री मोदी को बधाई भी दी। इटली किस हद तक भारत के साथ अपनी साझेदारी को मजबूत करना चाहता है, इसका प्रमाण प्रधानमंत्री मेलोनी के विश्वास से देखा जा सकता है। उन्होंने कहा कि प्रधानमंत्री मोदी इटली के पूर्ण समर्थन पर भरोसा कर सकते हैं। इसके साथ ही, उन्होंने आगे कहा कि भारत अपने द्विपक्षीय संबंधों को और गहरा करने के लिए इटली की सरकार पर भरोसा कर सकता है। उन्होंने विश्वास व्यक्त किया कि भारत और इटली मिलकर वैश्विक मंच पर अनेक महत्वपूर्ण कार्य कर सकते हैं।

उनका यह बयान दर्शाता है कि भारत-इटली संबंध केवल व्यापार और आर्थिक सहयोग तक सीमित नहीं हैं, बल्कि सांस्कृतिक और राजनीतिक स्तर पर भी नए आयाम प्राप्त कर रहे हैं।

प्रधानमंत्री मोदी की वैश्विक लोकप्रियता, भारत की अंतर्राष्ट्रीय स्थिति को और सुदृढ़ करती है, जिससे भारत और इटली के बीच के संबंधों में विश्वसनीयता और साझेदारी को और भी मजबूत करने का अवसर मिलता है।

इटली की संक्षिप्त जानकारी

प्रायद्वीप - दक्षिण यूरोप
राजधानी - रोम
जनसंख्या - 5 करोड़ 91 लाख
राष्ट्रीय प्रतीक - सफेद लिली
आधिकारिक मुद्रा - यूरो
राष्ट्रीय खेल - फुटबॉल

इटली दक्षिण यूरोप में स्थित एक देश है, जो चारों ओर से भूमध्य सागर से घिरा हुआ है। इटली की सीमाएँ फ्रांस, स्विट्जरलैंड, ऑस्ट्रिया, स्लोवेनिया और दो पड़ोसी क्षेत्रों: वेटिकन सिटी और सैन मैरिनो के साथ साझा हैं। यह यूरोप का दसवाँ सबसे बड़ा देश है, जो 301,340 किमी^{2} (116,350 वर्ग मील) के क्षेत्र को कवर करता है, और यह यूरोपीय संघ का तीसरा सबसे अधिक आबादी वाला सदस्य राज्य है। इटली की जलवायु अत्यधिक विविधतापूर्ण है।

इटली के इतिहास से जुड़ी कुछ शब्दावलियाँ जैसे -

इटली का एकीकरण

जिसे इटैलियन भाषा में रिसोरजिमेंटो कहते हैं। यह 19वीं सदी में इटली में होने वाला एक राजनीतिक और सामाजिक अभियान था जिसने इतालवी प्रायद्वीप के विभिन्न राज्यों को संगठित करके एक 'इटली' राष्ट्र बना दिया। इस अभियान की शुरुआत और अंत की तिथियों पर इतिहासकारों में विवाद देखा गया। लेकिन अधिकांश का मत यही है कि यह अभियान सन् 1815 में इटली पर नेपोलियन बोनापार्ट के शासन के अंत पर होने वाले वियना सम्मेलन के साथ आरंभ हुआ और 1870 में राजा विट्टोरियो इमैनुएल की सेनाओं द्वारा रोम पर कब्जा होने तक चला। सन् 1870 के बाद भी कुछ इतालवी प्रदेश इस संगठित इटली में शामिल नहीं हुए और वे प्रथम विश्व युद्ध के बाद ही उसका हिस्सा बने।

"नेपोलियन के युद्धों के कारण ही इटलीवासियों ने एकता की भावना का अनुभव किया और उन्होंने अपने देश को एक राष्ट्र के रूप में संगठित करने का निश्चय किया।" इसीलिए वहाँ राष्ट्रीयता और उदारवादी शक्तियों ने अनेक बार सिर उठाया, पर इन्हें कुचल दिया गया। रोम के प्राचीन गौरव का इतिहास लोगों को ज्ञात था। विद्या, कला और विज्ञान के क्षेत्र में वह प्राचीन काल में संसार का नेतृत्व करता था।

इसीलिए वे एक बार फिर से इटली को राष्ट्र शिरोमणि बनाने का सपना देखने लगे। यही कारण है कि अनेक कठिनाइयों और विफलताओं के बावजूद वहाँ राष्ट्रीय-एकीकरण का संघर्ष जारी रहा। अंतिम सफलता, प्रतिक्रियावाद के विरुद्ध उदारवाद और राष्ट्रीयता को मिली और इटली के एकीकरण का अभियान पूरा हो सका।

रोमन साम्राज्य

(27 ई.पू. – 476 (पश्चिम); 1453 (पूर्व)) यूरोप के रोम नगर में केंद्रित एक साम्राज्य था। इस साम्राज्य का विस्तार पूरे दक्षिणी यूरोप के अलावा उत्तरी अफ्रीका और अनातोलिया के क्षेत्रों तक था। फ़ारसी साम्राज्य इसका प्रतिद्वंद्वी था, जो फ़ुरात नदी के पूर्व में स्थित था। रोमन साम्राज्य में अलग-अलग स्थानों पर लातिनी और यूनानी भाषाएँ बोली जाती थीं और सन् 313 में इसने ईसाई धर्म को राजधर्म घोषित कर दिया था। ......"यह विश्व के सबसे विशाल साम्राज्यों में से एक था।" हालाँकि, पाँचवीं सदी के अंत तक इस साम्राज्य का पतन हो गया था और इस्तांबुल इसकी पूर्वी शाखा की राजधानी बन गई थी, पर सन् 1453 में उस्मानों ने इस पर भी अधिकार कर लिया था। यह यूरोप के इतिहास और संस्कृति का एक महत्वपूर्ण अंग है।

क्या आप जानते हैं...???

एक विश्व प्रसिद्ध वाक्यांश "सीज़र की पत्नी संदेह से परे होनी चाहिए" भी इटली के रोमन साम्राज्य के शासक जूलियस सीज़र द्वारा दिया गया था। इसके पीछे की कहानी का वर्णन कुछ इस प्रकार किया जाता है: पब्लियस क्लोदियस पुलचर नामक एक व्यक्ति पर सीज़र की पत्नी पोम्पेया को बहकाने के इरादे से एक पार्टी में घुसने का आरोप लगाया गया। इसके कारण पब्लियस को गिरफ़्तार कर लिया गया और उस पर मुकदमा चलाया गया।

मुकदमे के बाद, सीज़र ने पोम्पेया को तलाक़ दे दिया। जब लोगों ने पूछा कि इसका पब्लियस के मुकदमे से क्या संबंध हो सकता है, तो सीज़र ने कहा, "**सीज़र की पत्नी संदेह से परे होनी चाहिए।**" मेरी पत्नी पर तो शक भी नहीं होना चाहिए। चूँकि पोम्पेया पर अवैध व्यवहार का संदेह था, इसलिए सीज़र ने महसूस किया कि अपनी गरिमा की रक्षा के लिए उसे तलाक़ देना आवश्यक समझा। वर्तमान समय में इस वाक्य का उपयोग इस अर्थ में किया जाता है कि सार्वजनिक पदों पर स्थापित लोगों को संदेह से परे होना चाहिए।

नेपोलियन बोनापार्ट

नेपोलियन बोनापार्ट का नाम इटली के इतिहास के साथ गहराई से जुड़ा हुआ है। नेपोलियन एक महत्वाकांक्षी व्यक्ति था। हमें उसके विचारों से बहुत कुछ सीखने को मिलता है, जो इस प्रकार हैं -

1. आपको अपने किसी भी दुश्मन से ज़्यादा लड़ाई नहीं करनी चाहिए, अन्यथा आप उसे अपना पूरा युद्ध कौशल सिखा देंगे।

2. अनजानी राहों पर तो वीर ही आगे बढ़ा करते हैं; कायर तो परिचित राह पर ही तलवार चमकाते हैं।

3. विजय हमेशा युद्ध का जीतना नहीं होती है... लेकिन उसमें विजय है, जब आप हर बार गिरकर उठ जाते हैं।

4. जब आपका दुश्मन गलती कर रहा हो, तो कभी उसे बीच में मत टोकिये।

5. असंभव केवल मूर्खों के शब्दकोश में ढूँढने का एक शब्द है।

6. एक सच्चा आदमी किसी से नफ़रत नहीं करता।

7. किसी भी इंसान को अपनी श्रेष्ठता बनाए रखने के लिए हर 10 साल में अपनी रणनीति बदल लेनी चाहिए।

8. मरने की अपेक्षा कष्ट सहने के लिए अधिक साहस की आवश्यकता होती है।

9. ख़तरे में भी आनंद है।

10. सभी महान घटनाएँ एक ही धागे पर टिकी होती हैं। चतुर व्यक्ति हर चीज़ का लाभ उठाता है, किसी भी ऐसी चीज़ की उपेक्षा नहीं करता जो उसे कुछ अतिरिक्त अवसर दे सकती हो; कम चतुर व्यक्ति, एक चीज़ की उपेक्षा करके, कभी-कभी सब कुछ खो देता है।

11. साहस की नकल नहीं की जा सकती। यह एक ऐसा गुण है जो पाखंड से बचा रहता है।

12. इतिहास लिखने के लिए व्यक्ति को एक मनुष्य से अधिक होना चाहिए, क्योंकि इस महान न्यायतंत्र की कलम थामने वाले लेखक को स्वार्थ या अहंकार की सभी व्याकुलता से मुक्त होना चाहिए।

13. सरकार क्या है? कुछ भी नहीं, जब तक कि इसका समर्थन जनमत द्वारा न किया जाए।

14. विजय से असफलता तक केवल एक कदम है।

15. जब तक आप अपने पंख नहीं फैलाएँगे, आपको पता नहीं चलेगा कि आप कितनी दूर तक उड़ सकते हैं।

16. सच्ची विजय, एकमात्र ऐसी विजय जो किसी प्रकार का खेद उत्पन्न नहीं करती, वह है अज्ञानता पर विजय।

17. एक कट्टरपंथी के दिमाग में ऐसी कोई जगह नहीं होती जहाँ तर्क प्रवेश कर सके।

18. मनुष्य जितना बड़ा होता है, वह उतना ही कम राय वाला होता है; वह घटनाओं और परिस्थितियों पर निर्भर रहता है।

जॉर्जिया की आत्मकथा के प्रमुख अंश

"यह मेरी कहानी है, एक ऐसी महिला की, जिसने अपने देश की सेवा करने और अपने विचारों को साकार करने का सपना देखा। मैंने बचपन से लेकर अब तक जिन संघर्षों का सामना किया, उन्होंने मुझे बहुत मजबूत बनाया और राजनीति के सफ़र में मेरा सहयोग किया। इस आत्मकथा में मैं उन अनुभवों, संघर्षों, असफलताओं और सफलताओं के बारे में बात करूँगी जिन्होंने मुझे आज यहाँ तक पहुँचाने में अहम भूमिका अदा की।"

"मेरा जन्म 15 जनवरी 1977 को रोम में हुआ था। बचपन में ही मेरे पिता हमें छोड़कर चले गए, और मेरी माँ ने मुझे और मेरी बहन को अकेले ही पाला। यह समय मेरे लिए बहुत कठिन था, लेकिन मेरी माँ का साहस और संघर्ष ने मुझे जीवन के प्रति एक मजबूत दृष्टिकोण प्रदान किया। "उन्हीं दिनों में मैंने सीखा कि कैसे किसी भी कठिन परिस्थिति में भी हमें खुद को कभी कमज़ोर नहीं होने देना चाहिए।" इस संघर्ष से ही मुझे आगे बढ़ने और खुद पर विश्वास करने की प्रेरणा मिली।"

"मैंने बहुत कम उम्र में राजनीति में कदम रखा। 15 साल की उम्र में, मैं इटैलियन सोशल मूवमेंट से जुड़ गई, जो एक दक्षिणपंथी राजनीतिक दल था। उस समय इटली में दक्षिणपंथी राजनीति को बहुत समर्थन नहीं था, लेकिन मैंने इसे अपने देश की सांस्कृतिक और राष्ट्रीय पहचान को बचाने का एक तरीका समझा। यह मेरी विचारधारा की नींव रही, और मैंने अपने राजनीतिक सफ़र की शुरुआत यहीं से की। यह सफ़र आसान नहीं था, लेकिन मेरे दृढ़ निश्चय और मेहनत ने मुझे हमेशा आगे बढ़ने के लिए प्रेरित किया। "महिला होने के नाते मेरे लिए राजनीति में अपने लिए जगह बनाना आसान नहीं था।"

मुझे बहुत बार उपेक्षा का सामना करना पड़ा और मेरे विचारों को हल्के में लिया गया, लेकिन मैंने कभी हार नहीं मानी। मुझे विश्वास था कि एक दिन मैं अपने देश के लिए कुछ बड़ा ज़रूर कर पाऊँगी। मैंने हमेशा यह मान्यता रखी कि महिलाओं को राजनीति में अधिक प्रतिनिधित्व मिलना चाहिए, और इस दिशा में मैंने अपने हर कदम को सशक्तिकरण की दिशा में उठाया। महिलाओं के अधिकारों, उनके रोज़गार, और उनके सशक्तिकरण के लिए मैंने कई योजनाएँ बनाईं और उन्हें लागू किया।"

"2012 में मैंने अपनी पार्टी **ब्रदर्स ऑफ़ इटली** की स्थापना की। यह एक कठिन निर्णय था, क्योंकि उस समय इटली में दक्षिणपंथी राजनीति बहुत मजबूत नहीं थी। लेकिन मैंने अपनी पार्टी के लिए एक अलग पहचान बनाई और इसे जनता के सामने रखा। मेरी पार्टी ने धीरे-धीरे लोगों का समर्थन हासिल किया और हम इटली की राजनीति में एक महत्वपूर्ण शक्ति बन गए।"

"राजनीति में आलोचना और संघर्ष मेरे लिए नए नहीं थे। दक्षिणपंथी विचारधारा का समर्थन करने के कारण मुझे कई बार आलोचना का सामना करना पड़ा, लेकिन मैंने इसे हमेशा अपने विकास का एक हिस्सा माना।.... "मैंने सीखा कि आलोचना से घबराने के बजाय हमें इसे अपनी शक्ति में बदलना सीखना चाहिए।" यह संघर्ष और आलोचना ही थे जिन्होंने मुझे और अधिक सशक्त बनाया और मेरे नेतृत्व को मजबूत किया।"

"मैं इटली की पहली महिला प्रधानमंत्री बनी। यह मेरे जीवन का सबसे बड़ा सम्मान और ज़िम्मेदारी थी। इस पद पर पहुँचने के लिए मैंने जिन चुनौतियों का सामना किया, वे मेरे लिए प्रेरणा स्रोत बनीं। प्रधानमंत्री बनने के बाद मैंने इटली की संस्कृति, परंपराओं और राष्ट्रीय पहचान को बचाने के लिए कई महत्वपूर्ण कदम उठाए।

“मेरा मानना है कि एक मजबूत राष्ट्र की नींव उसकी संस्कृति और पहचान में निहित होती है।” प्रधानमंत्री के रूप में, मेरा लक्ष्य इटली को अंतर्राष्ट्रीय स्तर पर एक मजबूत राष्ट्र के रूप में प्रस्तुत करना है। मैंने यूरोपीय संघ और अन्य अंतर्राष्ट्रीय संगठनों में इटली की भूमिका को पुनर्परिभाषित किया और देश के हितों की रक्षा की। मेरा हमेशा से यह मानना रहा है कि एक राष्ट्र को केवल आर्थिक रूप से ही नहीं, बल्कि सांस्कृतिक और राजनीतिक रूप से भी मजबूत होना चाहिए।"

"एक माँ और एक राजनेता के रूप में, मैंने हमेशा अपने निजी और पेशेवर जीवन के बीच संतुलन बनाने की कोशिश की है। राजनीति में होने के बावजूद, मैं अपनी बेटी के लिए हमेशा समय निकालने की कोशिश करती हूँ। मेरे लिए परिवार का महत्व बहुत अधिक है, और मैंने हमेशा यह सुनिश्चित किया है कि मेरे जीवन के इन दोनों पहलुओं में कोई असंतुलन न हो।"

"मेरा सपना है कि मैं इटली को एक ऐसा देश बनाऊँ जहाँ हर नागरिक को समान अधिकार और अवसर मिलें। मैं चाहती हूँ कि हमारा देश एक समृद्ध और शक्तिशाली राष्ट्र बने, जहाँ हमारी सांस्कृतिक धरोहर सुरक्षित रहे और हम दुनिया में अपनी एक अलग पहचान बनाएँ। मेरा विश्वास है कि इटली के लोगों की मेहनत और साहस हमें इस लक्ष्य तक ज़रूर पहुँचाएँगे।"

"यह मेरी कहानी है, एक महिला की जो संघर्ष, साहस, और दृढ़ निश्चय के साथ राजनीति के सबसे ऊँचे मुकाम तक पहुँची। मैंने अपने जीवन में कई चुनौतियों का सामना किया, लेकिन कभी हार नहीं मानी।

मुझे विश्वास है कि **“हर व्यक्ति के भीतर एक अद्वितीय शक्ति होती है, जो उसे किसी भी कठिनाई को पार करने और अपने सपनों को साकार करने में मदद करती है।”**

सारांश:

1. संघर्ष और चुनौतियों से कभी हार न मानें।
2. निरंतरता ही सफलता की कुंजी है।
3. जीवन में कितने ही उतार-चढ़ाव क्यों ना आएँ, लेकिन कभी अपने लक्ष्यों को नहीं छोड़ना चाहिए।
4. आत्मकथा के माध्यम से साझा किए अनुभव अन्य लोगों के लिए प्रेरणा बन सकते हैं।
5. जीवन में सफलता के लिए धैर्य, संघर्ष और आत्मविश्वास ज़रूरी हैं।

नोट: जॉर्जिया मेलोनी की आत्मकथा में उनके जीवन के अनुभवों, संघर्षों और सफलताओं का वर्णन है, जिसे पढ़ना पाठकों के लिए प्रेरणादायक होगा।

लेखिका का संदेश

मैंने अपने जीवन में कभी एक लेखक बनने का सपना नहीं देखा और न ही मुझे कभी लेखक के बारे में कुछ जानने की कोई दिलचस्पी रही। लेकिन मैंने एक लेखक के तौर पर अपनी पहली किताब 'जॉर्जिया मेलोनी' लिखी, जो मेरे लिए एक आश्चर्यचकित करने वाला अनुभव रहा। इसी दौरान मैंने लेखक के बारे में कुछ महसूस किया जो मैं आपके साथ साझा करना चाहती हूँ -

"लेखक वह होता है, जो भावनाओं को शब्दों में बखूबी ढालना जानता है। लेखक वह होता है, जो बिना कलम के हर वक़्त दिमाग़ में कुछ न कुछ लिखता रहता है। लेखक वह होता है, जो बिना किताबों के भी अपने चारों तरफ़ बहुत कुछ पढ़ने की काबिलियत रखता है। लेखक वह होता है, जिसके मन और मस्तिष्क में अनगिनत कल्पनाओं के बादल बनते रहते हैं। वह लेखक ही होता है, जो फूल रूपी शब्दों को चुन-चुन कर माला रूपी किताब का 'आविष्कार' करता है।"

उम्मीद करती हूँ कि यह किताब पढ़कर आपके दृष्टिकोण में कुछ सकारात्मक परिवर्तन ज़रूर हुआ होगा।

धन्यवाद!

Goswami

दिवांशी गोस्वामी
1 अगस्त 2024

आपने क्या सीखा.........???

www.ingramcontent.com/pod-product-compliance
Lightning Source LLC
LaVergne TN
LVHW091519200926
848483LV00002B/257